# 日本の生き筋

## 家族大切主義が日本を救う

在ロシア28年・国際関係アナリスト
『ロシア政治経済ジャーナル』発行人
**北野幸伯**
*Yoshinori Kitano*

育鵬社

# まえがき——日本は幸せな国?

突然ですが、問題です。

国連は二〇一八年三月一四日、「世界幸福度ランキング」を発表しました。

「日本は、幸福度ランキングで何位だったでしょうか?」

① 一位
② 四位
③ 一四位
④ 二四位
⑤ 三四位
⑥ 四四位
⑦ 五四位
⑧ 六四位

①から⑧で答えを選び、紙に書いてください。
正解は、少し後でお伝えします。

こんにちは！　北野幸伯《よしのり》です。


私は一九七〇年、長野県松本市に生まれました。

一九九〇年、一九歳の時に、ソ連外務省付属モスクワ国際関係大学に留学。

翌年一二月には、ソ連崩壊を現地で目撃しています。

それから二〇一八年まで、なんと二八年間もモスクワに住みつづけていました。

日本にいる間、私も普通の日本人並みに、「自虐史観」に染まっていました。

つまり、「日本は嫌われている」「日本人は悪い民族と思われている」と信じていたのです。

しかし、モスクワに留学した後、速やかに自虐史観を卒業しました。

というのも、まず、ロシア人が親日だということがわかった。

既述のように、私は二八年間モスクワに住んでいました。

このとても長い期間で、**「反日ロシア人」に遭遇《そうぐう》したことが一度もない**のです。

そして、ロシアは多民族国家で、移民大国でもあります。ウクライナ人、モルドバ人、ベラルーシ人、アルメニア人、アゼルバイジャン人、グルジア人、キルギス人、ウズベキスタン人、タジキスタン人、カザフスタン人などが、たくさんいます。

これらの民族の人たちと、数えきれないほど知り合いになりました。

しかし、これまで一度も反日の人に出会いませんでした。

そして、私は、たくさんの国を旅しました。

どこに行っても日本人というだけで大切にされます。

これらの経験から、私は「日本は愛されている」「日本人は尊敬されている」ことに気がついた。

それで、自分の本やメールマガジンで、「自虐史観を捨てましょう！」と書きつづけてきました。

最近の日本をみるに、自虐史観を信じる人は、急速に減少しているように思います。

「日本と日本人は、愛され尊敬されている」というのは、間違いのない事実です。

私は、だいたい一年に一度の割合で一時帰国していました。

日本に入ると、その瞬間から安全感と親切感に満たされます。

「安全感」と「親切感」というのは、聞いたことのない言葉でしょう。

私が、今考えました。

「安全感」というのは、「ここは安全なのだ」という感覚。

「親切感」というのは、「親切な人に囲まれている」という感覚です。

それで、日本に来ると、私と家族（妻、長女、長男）は、とても幸せな気持ちになるのです。

当然、私たちは、「日本人は幸せだ！」と確信して、疑いませんでした。

ところが……。

国連の「世界幸福度ランキング」をみて、卒倒しました。

皆さんは、日本の幸福度は、世界で何位と書きましたか？

私なら、「一位」と書くでしょう。

しかし、国連はそう判断しなかった。

なんと、日本の幸福度は、「**世界五四位**」という結果でした。
正解は、「⑦　五四位」です。
「……ウソだ！　信じられない！」という方は、遠慮なく調べてみてください。
私がウソつきでないことがわかるはずです。
少し、「世界幸福度ランキング」について補足しておきましょう。
国連はこのランキングを二〇一二年から発表しています。
調査の対象国は、一五六カ国。
「幸福度」の指標は、六項目です。
すなわち、

①　一人当たりGDP
②　社会的支援（または困ったときに頼ることができる親戚や友人がいますか）
③　健康寿命
④　選択の自由度（あなたの人生においてなんらかの選択する自由に満足していますか）
⑤　寛容さ（過去一カ月の間に慈善団体に寄付をしたことがありますか）

⑥　腐敗の認識（政府や仕事上で腐敗が蔓延《まんえん》していませんか）

これらをトータルにみて、日本の幸福度は、「世界五四位だ」というのです。
ちなみに、トップ10をみると、

一位：フィンランド
二位：ノルウェー
三位：デンマーク
四位：アイスランド
五位：スイス
六位：オランダ
七位：カナダ
八位：ニュージーランド
九位：スウェーデン
一〇位：オーストラリア

となっています。

皆さん、この結果を聞いて、どう思われましたか？
「そんなバカな！」と思った人もいるでしょう。
あるいは、「さもありなん」と思った方もいるかもしれません。
「一つの調査結果にこだわる必要などない」と感じた方もいるでしょう。
実をいうと、私もそうでした。
そして、この件は、しばらく忘れていたのです。

ところがある日、別の情報を目にしました。
神谷宗幣《かみやそうへい》先生が創設された「イシキカイカク大学」の案内ページに、日本の驚くべき現状が書かれていたのです。

・教育への公的支出：最下位（三四カ国中）
・日本人の労働生産性：最下位（主要先進国中）
・平均睡眠時間：最下位
・日本企業の社員の「やる気」：最下位クラス
・仕事にやりがいを感じている：最下位

・世界の仕事満足度調査：最下位
・自国に対する誇り：最下位
・世界幸福度ランキング：最下位（先進国中）
・自分自身に満足している若者：最下位
・将来に明るい希望を持っている若者：最下位

「ウソだろ！」

絶叫しそうになりました。
私はもちろん神谷先生を信頼しています。
それでも、一応チェックしてみることにしました。

**・教育への公的支出：最下位（三四カ国中）**

「日経新聞」二〇一七年九月一二日付（ウェブ版）から転載します（太字筆者、以下同じ）。
〈教育への公的支出、日本また最下位に　一四年のOECD調査〉二〇一七年九月一二

日二三：三六〉

経済協力開発機構（OECD）は一二日、二〇一四年の加盟各国の国内総生産（GDP）に占める小学校から大学までに相当する教育機関への公的支出の割合を公表した。日本は三・二％で、比較可能な三四カ国中、最低となった。OECD平均は四・四％で、日本が最低となったのは一二年調査以来。教育支出の多くを家計が負担している現状が浮かんだ。〉

## ・日本人の労働生産性：最下位（主要先進国中）

この件については、公益財団法人　日本生産性本部が二〇一七年一二月二〇日に発表した、「労働生産性の国際比較二〇一七年版」に記されています。転載してみましょう。

〈日本の時間当たり労働生産性は**四六・〇ドルで、OECD加盟三五カ国中二〇位**。

・OECDデータに基づく二〇一六年の日本の時間当たり労働生産性（就業一時間当たり付加価値）は、四六・〇ドル（四六九四円／購買力平価（PPP）換算）。米国の三分の二の水準にあたり、順位はOECD加盟三五カ国中二〇位だった。

名目ベースでみると、前年度から一・二％上昇したものの、順位に変動はなかった。**主要先進七カ国でみると**、データが取得可能な一九七〇年以降、**最下位の状況が続いている**。〉

皆さん、ご存知でしたか？

## ・平均睡眠時間：最下位

「ITmediaNEWS」二〇一六年五月九日付に、ミシガン大学の研究内容が掲載されています。

〈日本人は睡眠不足？　**世界一〇〇カ国で最下位**、米ミシガン大が発表

米ミシガン大学が一〇〇カ国の睡眠時間を調査したところ、日本人の平均睡眠時間が最も短いことが分かった。

同チームが開発したスマートフォンアプリ「ＥＮＴＲＡＩＮ」を通じ、一〇〇カ国の数千人以上の就寝時刻や起床時刻を収集。

国別の平均睡眠時間を比べたところ、日本とシンガポールが七時間二四分と最も短く、オランダの八時間一二分が最も長かった。〉

う～む。

一〇〇カ国中最下位でも、「七時間二四分眠れば十分ではないか？」と私は思いますが（ちなみに私の睡眠時間は、一日五時間ぐらいです）。

### ・日本企業の社員の「やる気」：最下位クラス

これに関しては、ズバリ「最下位」ではありませんが、「最下位クラス」という記事が、日経に出ていました。

〈「熱意ある社員」六％のみ　日本一三二位、米ギャラップ調査（二〇一七年五月二六日〇：二九）

世論調査や人材コンサルティングを手掛ける米ギャラップが世界各国の企業を対象に実施した従業員のエンゲージメント（仕事への熱意度）調査によると、日本は**「熱意あふれる社員」の割合が六％しかない**ことが分かった。

米国の三二％と比べて大幅に低く、調査した一三九カ国中一三二位と最下位クラスだった。〉

なかなか、衝撃的ですね。

**・仕事にやりがいを感じている：最下位**

世界最大の求人サイトＩｎｄｅｅｄ社によると、二〇一六年度「不幸せ仕事ランキング」で、日本は、なんと堂々一位になっていました。

ちなみに、二位はドイツ、三位南アフリカ、四位フランス、五位ポーランド、六位マレーシア、七位オーストリア、八位シンガポール、九位インド、一〇位中国だそうです。

**・世界の仕事満足度調査：最下位**

同じくＩｎｄｅｅｄ社の調査で三五カ国中最下位になっています。

**・自国に対する誇り：最下位**

これに関しては、少々情報が古いですが。

英誌「エコノミスト」が二〇〇九年一〇月に公表した調査結果によると、「自国に対する誇り」、日本は三三カ国中最下位だそうです。

ちなみに、一番高いのはオーストラリア、以下カナダ、フィンランド、オーストリア、シンガポール、インド、中国、フランス、スペイン、チリ、アメリカとつづきます。

しかし、この調査から九年経ち、日本では「脱自虐史観」がだいぶ進んできました。今調査したら、違う結果が出るのかなと思います。

**・世界幸福度ランキング：最下位（先進国中）**

これについては、もう触れました。

世界五四位、先進国中最下位であると。

**・自分自身に満足している若者：最下位**

**・将来に明るい希望を持っている若者：最下位**

「日経新聞」二〇一四年五月二六日付に、内閣府の調査結果が掲載されていました。

調査が行われたのは、二〇一三年一一～一二月。

対象は、日本、韓国、米国、英国、ドイツ、フランス、スウェーデン。

結果は、どうだったのでしょうか？

〈「自分自身に満足している」と答えたのは一位の米国が八六・〇％、六位の韓国でも七一・五％だったが、**日本は四五・八％と著しく低かった。**〉

〈「自分の将来に希望を持っているか」と尋ねると、日本で肯定したのは六一・六％。四〇歳になったときに「幸せになっている」と思っている人は六六・二％で**いずれも最下位**だった。〉

調査が行われたのはわずか七カ国ですから、「最下位」というのは、厳しすぎるかなと思いますが。

皆さん、ここまで読まれてどうでしょうか？

私自身、これらの情報を知り、かなりショックでした。

ここで、「おまえは、やはり自虐史観に染まっている！　日本人は世界一幸せなのだ！」

と主張される方はいるでしょうか？

もちろん、そう思いつづけていても、なんの問題もないでしょう。

しかし、「いわれてみれば」と思う情報も、確かにありました。

「あなたと健康社」が発行している小冊子『日本がもっと好きになる――誇りある日本の歴史を学ぼう』の冒頭に、日本の問題点が指摘されています。

・警察官や教師による不祥事
・子供による親殺し、親による子殺し、無差別殺人
・食品の生産地、賞味期限表示のごまかし
・建物の耐震強度の偽装
・深刻ないじめ問題

などなど。

自虐史観がなく、「日本はすばらしい！」「日本人はすばらしい！」と思っている人でも、「今の日本は全然問題ない」「まさに理想の国だ」とはいえない状況なのです。

私は、「どうすれば日本人は、もっと仲良く、健康で幸せで豊かに暮らせるかな？」と考え始めました。

そして、生まれたのがこの本です。

簡単に内容について触れておきましょう。

第一章では、私が提案する方策の「大きな方向性」を示します。

私は、「経済さえ発展すれば」とか「金儲けが最重要」とは考えません（もちろん、金儲けも大事ですが）。

では、何が重要なのでしょうか？

第二章では、今流行《はや》りの「働き方改革」について考えます。

私は、日本の労働者環境は、「先進国中最悪」と考えています。

それで、過酷な長時間労働に昔から反対してきました。

二〇〇八年に出版した『隷属国家日本の岐路——今度は中国の天領になるのか？』（ダイヤモンド社）の中で、「『非人道的企業リスト』を発表しろ」と書いています（八三p）。

この本の影響とは思いませんが、二〇一二年には「ブラック企業大賞」が始まりました。

毎年、有名企業の過酷な労働環境が暴露され、大きな話題になっています。

そして、ブラック企業大賞を受賞した企業は、労働環境を改善せざるを得ない。

他の企業も、「ブラック企業に認定されないよう、労働環境をよくしよう」と思うでしょう。

日本の改革は、ゆっくりですが、始まっています。


第三章では、地方と都市の格差を解消する方法を書きます。

現在、人口が増えているのは首都圏（東京都、埼玉県、神奈川県、千葉県）と愛知県、沖縄県だけ。

残りは軒並み減少という、いびつな状態になっています。

これは、人口が増えていく都県の人にとっても、人口が減っていく道府県の人にとっても問題です。

どうすれば、地方に人を呼び戻すことができるのでしょうか？


第四章では、給食革命と農村を復興させる方法について。

私は、食事が変わったことが、さまざまな問題の原因になっていると考えています。

この章では、日本の食事を健全化させる方法、農業と農村を復興させる方法に触れます。

第五章では、少子化問題を解決する方法を書きます。

日本人が未来に明るい展望を描けない最大の理由は、「少子化は解決できない」と確信していることでしょう。

しかし、「少子化は解決できない」と誰が決めたのでしょうか？

実をいうと少子化は解決できるし、実例もあります。

第六章は、世界における日本の役割について触れます。

私は、「全日本国民が、ますます健康で幸せで豊かになりますように！」と祈りながら、この本を書いていきます。

「日本は、少子高齢化でもうダメだ！」

そんなことをいう「専門家」を信じるのは、もうやめましょう。

**日本には、明るい未来が待っているのですから。**

日本の生き筋●目次

## 第二章　家族大切主義と真の働き方改革

## 第三章　地方を復活させる秘策

## 第四章　給食革命と農業の復興

## 第五章　少子化問題を解決する方法



## 第六章　和ァームジャパン戦略

編集協力――高関　進
装幀――村橋雅之

# 第一章

# 日本を幸せにする三つのキーワード

この章では、私が提案する改革案の、**根本になる方向性、改革のキーワード**を書いていきます。

といっても、「新自由主義」「ケインズ主義」「共産主義」といった、難しい話ではありません。

## ◉「国家の品格」を決めるもの

皆さん、日本を「品格ある国」にしたいとは、思いませんか？

この質問に対し、「ていうか、今でも品格ある国だし」という答えは多いと思います。

私もそう思います。

ところで、「品格ある国」と「品格のない国」は、何が違うのでしょうか？

これも、答えは、人それぞれだと思います。

ここでは、私個人の考えを書いていきます。

## ◉「品格のない国」で起こった革命

私は、いろいろな国に行きました。

それぞれの国にそれぞれの風情があり、それぞれの美しさや楽しさがありました。

いい思い出が多く、「もう一度、○○国に行きたいですか？」と聞かれれば、ほとんどの場合「行きたいです」と答えるでしょう。

しかし、「正直、死ぬまで行きたくありません」と考えている国が一つだけあります。

その国の名誉のために名は伏せますが、中東にあります。


私は、十数年前に彼女（今の妻）と、その国に行きました。

空港に着くと、ホテルから迎えのバスが来ています。

私は、最初から卒倒するようなできごとに遭遇《そうぐう》しました。

男性のバスガイドが、観光客の女性をナンパしているのです！


ホテルに着くと、スタッフは、全員男性。

正確にいうと、ロシア語、英語ペラペラのロシア人女性が、外国人の世話役で一人いた。

残りは、すべて男です。

これは、文化でしょうから、私があれこれいうべきではないでしょう。

問題は、男性スタッフの言動です。

バスガイド、レストランのウェイター、清掃係など、ほとんどすべての男性スタッフが、せっせと外国人女性観光客をナンパしているのです！

これには、仰天《ぎょうてん》しました。

そして、男性客（たとえば私）に対する態度は、「男は邪魔者《じゃまもの》だ。何しに来やがった」という感じで、冷淡。

私は、初日から、この国に来たことを後悔しました。


ホテルの中にあるお土産屋さんに行ったときのこと。

一〇代後半か二〇代前半ぐらいの男性が、小さな絵を売っていました。

「きれいですね」と私がいうと、彼は、「僕が自分で描いたんだ」といいます。

「すごいね。いくらですか？」と聞くと、彼は「あなたならこの絵をいくらで買う？」と逆に質問してきます。

「確かに、自分で描いた絵なら、定価はないよな」と思い、「このくらいなら買う」という値段をいいました。

すると、彼は、あからさまにションボリして、「あなたは僕をその程度しか評価してくれないのですか？」と泣きそうな顔になりました。

このやり取りを見ていた彼女（今の妻）が日本語で、「かわいそうだから、買ってあげましょうよ」といいました。

そして、彼に「いくらなら満足なの？」と聞くと、「そりゃあ高いな～」という値段をいった。

それでも、「まあ、いいか」と思い、買ったのです。

彼は、喜んでいました。


次の日、私たちは、街のバザールに行って驚愕《きょうがく》します。

なんと、彼が昨日売っていたのと同じ絵が、大量に売られていた。

しかも値段は、彼に払った額の一〇分の一程度だった。

そう、ホテルのお土産屋にいた彼は、「自分で描いた」とウソをいい、法外な値段を吹っ掛け、大金を稼ぐことに成功したのです。

「嗚呼《ああ》、ナイーブすぎた！」

私は、ひどく後悔しました。


そうこうしているうちに、問題が起こっていました。

彼女（今の妻）は、あるお土産屋に入り、いろいろ見ていた。

結果、何も欲しいものがないので店を出ようとすると、店主が怒りはじめたのです。

その怒り方は、これまでの人生で見たことがないほど激しい。

私は、彼女の手を引き、「あんたみたいな無礼な男からは何も買わないよ!」といい、外に出ました（無礼な店主でも、英語を話す）。

すると、なんと、その店主が私たちを追いかけてきたのです!

私たちは速足で、その場を去り、最初に見つけたタクシーに飛び乗り、ホテルに逃げ帰りました。

怖かった……。

この時点で、私たちは、かなり「帰りたいモード」になっていました。


そうはいってもこの国、よいところもあります。

海は、限りなく透明。

少し潜ると、いろいろな色の魚がたくさん泳いでいる。

そして、世界的に有名な、遺跡もたくさんある。

「帰るにしても、世界的に有名なあの遺跡を見てから」ということで、私たちはバスに乗りました。

するとと、ロシア人の女性ガイドが、面白いことをいいます。

「現地に着いたら、写真詐欺《さぎ》にご注意ください！」


なんのことでしょうか？

その遺跡の周りには、ベドウィンがたくさんいる。

彼らは、カップルを見かけると、近づいて「写真撮りましょうか？」と提案します。

今なら「自撮りしますからいいです」と断るでしょう。

しかし、当時は「自撮り文化」がまだなかった。

愛し合っている二人が記念写真を撮るには、誰かに頼むのが手っ取り早い。

ちなみに、当時はスマホもなく、携帯電話かデジカメが一般的でした。

もし、あるカップルが、ベドウィンの優しいオファーに乗ったら、どうなるのでしょうか？

ベドウィンは、もちろん二人の写真を撮ってくれます。

問題はその後。

「一〇ドルです！」という。

料金について聞いていなかったカップルは驚き、「そんな話は聞いていない！」というでしょう。

ベドウィンは激怒し、「金を払わなければ、携帯（あるいはデジカメ）は返さないぞ！」と脅迫します。

カップルの男性は、ベドウィンの詐欺師とケンカして強引に取り戻すでしょうか？

不可能でしょう。

周りは、ベドウィンだらけだからです。

男性は、ベドウィン軍団に袋叩《ふくろだた》きにされ、携帯（あるいはデジカメ）を失うでしょう。

ガイドさんは、こんな話をして、私たちに「くれぐれも警戒してください！」といいました。

おかげさまで、私たちは、無事に観光を楽しむことができた。

しかし、ベドウィンにだまされている外国人を、何度も目撃しました。

「この国の政府は、最大の観光地で起こっている詐欺を放置している。いったいどうなってるんだ！？？？」

私は、とてもショックを受けました。

そして、この国の未来に、強い不安を感じたのです。

二〇一〇年、中東・北アフリカで、「アラブの春」という現象が起こりました。たくさんの国で独裁政権が倒れていった。

この国でも、革命が起こりました。

ニュースを聞いた時、私は、申し訳ありませんが、「そりゃあ起こるよな」と思い、まったく驚きませんでした。

## ◉栄える品格ある国

今度は、逆のケースをお話ししましょう。

誰かが、「世界一いい国は、どの国ですか？」と聞けば、私は「日本です！」と答えるでしょう。

「では二番目にいい国は、どの国ですか？」と聞かれたら、迷うことなく「フィンランドです！」と答えるでしょう。

なぜ？

私は二〇〇〇年代、毎年一回フィンランド、特に首都ヘルシンキに行っていました。

初めて行った時、私は、どこでロシア・ルーブルをフィンランド・マルッカに換えたらいいかわからない（当時、ユーロは、まだ流通していませんでした）。

そこで、とりあえず駅の近くにある銀行に入ります。

そして、「どこで両替できるのだろう？」と、一〇秒ぐらいキョロキョロしていた。

すると、銀行員ではない普通のおばさんが、「何探してるの？」と英語で聞いてきます。

私は、「ルーブルを、マルッカにエクスチェンジしたいんだけど」と答えます。

おばさんは、「私について来て！」といい、両替所まで案内してくれました。

次に私は、バスに乗りました。

外国で初めてバスに乗ると、お金の払い方がわかりません。

「どうやって払うのだろう……」と悩みはじめた直後、別のおばさんが声をかけてきました。

「お金を支払う方法がわからないの？」

私が、「イエス」というと、「こうやるのよ！」と教えてくれました。

そして、翌早朝、私は用事があり、とても急いでいました。

それで、タクシーを拾おうと思った。

ところが、知らない国に来ると、「どうやってタクシーを拾うのか」もわからないのですね。

私は、ホテルを出て、「うひゃあ、どこでタクシーを拾えるんだ!?」と悩みはじめます。

「これは、ホテルに戻って聞くべきだよな」と思い、反転しようとしたその瞬間。

道路の清掃をしていた青年が、「何かお困りですか?」と声をかけてくれました。

私は、「タクシーを拾いたいのだけど」と答えます。

その彼は、「私がタクシーを拾える場所まで送っていきましょう!」といい、そうしてくれたのです。

私は、中東のあの国とは正反対の意味で、「なんじゃこりゃ!」と思いました。


この国にいて少し困ると、すぐサポートしてくれる人が現れる。

しかも、ほとんどの場合、その辺を歩いている普通の人たちが助けてくれる。

私は、「ホントにすごい国だ!」と感動しました。


なぜ私は、中東の「二度と行きたくない国」とフィンランドの話をしたのでしょうか?


それは、「**国の品格は、結局『人』だな**」と思うからです。

もっというと、**国の品格は、「人の善良さによる」**と。

ところで、気がついた人はいるのでしょうか？

国連の「**世界幸福度ランキング二〇一八**」で、**フィンランドは、堂々一位**になっています。

こんな話をすると、「フィンランドが幸福度一位だから、フィンランドネタを書いているのではないか？」と思う人もいるかもしれません。

しかし、私がフィンランドのことを褒めまくっているのは、今に始まったことではありません。

二〇〇八年出版『隷属国家日本の岐路――今度は中国の天領になるのか？』（ダイヤモンド社）の中で、すでにこの国を絶賛しています。

少し引用してみましょう。

〈北欧にフィンランドという国があります。

携帯電話のノキアが有名ですね。

ロシアのおとなりなので、私はこの国によく行くのです。

面積は三三万平方キロで、日本より少し小さい。

しかし人口はわずか五〇〇万人強しかいない。

日本とほとんど同じ広さの土地に、二四分の一しか人が住んでいない。

しかしフィンランドは昨年、一人当たりのGDPで日本を抜きました。

また、世界でもっとも競争力のある国として、汚職が世界一少ない国としても知られています。

おいしい空気と美しい自然。

ロシアの道路はポイ捨てされたタバコだらけですが、フィンランドには全くありません。

フィンランド語を話せない私が困っている。

すると、頼みもしないのに人がよってきて英語で助けてくれます。

もちろん住んでいる人には、いろいろ不満もあるでしょう。

それはどこの国でも同じこと。

しかし、外国から時々くる日本人の私には、とても「美しく」「品格のある」国に思えるのです。〉（九九～一〇〇p）

私の話が「後づけ」でないこと、ご理解いただけるでしょう。

## ◉日本は善良な国？

二つの国を例にあげました。

では、日本は「国民が善良な国」でしょうか？

私は、確信をもって「そうです！」と答えるでしょう。

二〇一七年六月から七月にかけて一時帰国した時のお話をしましょう。

ある日、私、妻、娘、息子は、横浜港でクルージング船に乗りました。

乗っていた時間は、一時間半ぐらいでしたが、とても快適でした。

船上にのぼると、天気がよく、横浜港全体が見渡せてキレイでした。

しかし、「クルージングしてよかった」と思ったのは、山下公園に戻ってきた後だったのです。

船から出て、三〇〇メートルぐらい歩いた頃でしょうか、うしろから「すいませ～ん」という女性の声が聞こえてきます。

振り向くと、船のレストランの女性スタッフが走ってきました。

息を切らしながら彼女が私たちに差し出したのは、手のひらに乗るほどの「アンパンマン人形」でした。

息子（当時二歳半）は、アンパンマン人形をいつも持ち歩いている。

しかし、レストランに忘れてしまったのでした。

私は、「こんな小さなおもちゃを届けるために、制服、ハイヒールで全力疾走してくれるのは、**大和撫子**《やまとなでしこ》**だけだろう**」と思い、感動したのです。

その後、私たちは、「元町・中華街駅」を探し始めました。

隣の「日本大通り駅」で降り、徒歩で山下公園まで来たので、「元町・中華街駅」の場所を知らなかったのです。

ぶらぶらしていると、三人の小さな子供を連れた、痩せた女性を見かけました。

私たちは声をかけ、行き方を尋ねます。

女性は、「この横断歩道を渡り、右に曲がってずっと進んでください。途中でエレベーターの入り口があるので、それで降りると駅に行けます」といいました。

そして、「わかりにくいので、注意してください」とつけ加えました。

彼女は、右に曲がり、子供たちを連れ、歩いて行きました。

私たちは、横断歩道を渡り、右に曲がり、歩いて行きました。

私たちとその女性は、道路を挟んで平行に歩いて行きますが、私たちはノロノロしています。


その女性は二〇〇メートルほど歩いて、ピタリと止まりました。

私たちは、「タクシー止めるつもりなのかな？」などと考え、気にせず歩きつづけます。

そして、私たちは、彼女のちょうど向かい側にさしかかりました。

すると、その女性は、指をさしながら大きな声で、「そこです！　そこです！」と叫んだのです。


私たちが、左を見ると、目立たないところにエレベーターがあるではないですか！

彼女は、「初めてだとわからないだろう」と思い、わざわざエレベーターのある場所の対面で止まり、私たちが来るのを待っていてくれたのです。

私たちも大声で、「ありがとうございま～す！！！」といい、手を振りました。

二つの例を書きましたが、こういう話をすれば、キリがありません。誰かに道を尋ねれば、スマホを取り出し、ネットで道を見つけ、時間があれば現地まで送ってくれることもしばしば。

外国人がこういう対応を受ければ、「日本は神の国だ！」と驚愕することでしょう。それで、私は「日本は品格のある国です！」「日本国民は善良です！」と確信をもっていえます。

というわけで、私は、「**国民が善良な国**」を目指すことを提案します。

それは、日本が「**品格のある国**」でありつづけるためにです。

「すでに日本人は善良なのだから、改革は必要ないのでは？」

という疑問が出てきますね。

確かに日本人は善良ですが、それでも、「電通社員過労自殺事件」「日大アメフト部反則タックル事件」「豊田市小学生熱中症死事件」など、毎日毎日いろいろな事件が起こります。

これらの事件は、「あまりにも特殊」なのでしょうか？

私は、そうではなく、ある程度「社会的要因」も原因になっていると考えます。

## ◉善良さは、「実利」にもなる

ここまでの話、私の本、メルマガを読まれている方は、「北野さん、どうしたの？」と思われるかもしれません。

私のメルマガは、「わけのわからない世界情勢を世界一わかりやすく解説します」「**きれいごとは一切いいません**」と宣言しています。

これまでの本でも、大国の大ウソを証拠つきでどんどん紹介し、読者さんに衝撃を与えてきました。

それで、「北野は、嫌になるほどリアリスト」と呼ばれています。

読者の皆さんは、ここまでの話、「理想論だな」「きれいごとのオンパレードだな」「世界はそんなに甘くない」などと感じるかもしれません。

確かに、日本から一歩出ると、「人を見たら泥棒と思え！」という現実があります。

私も、美人が寄ってきたら、「**あ、ハニートラップかな？**」と思いますし、知らない男性が寄ってきたら、「KGB（＝現FSB）かな？」と最初に思います。
実際、日本人は、「世界一ナイーブでだましやすい」と評判になっている。
だから、日本人は、外国でだまされないよう、常に注意深くある必要がある。

そうなのですが、私が、「日本をそんな国（＝常に用心が必要な国）にしたくない」といえば、ほとんどの皆さんは、同意してくださるのではないでしょうか？

そして、強調したいのは、「善良さは、実利にもなる」ということです。
どういうことでしょうか？
皆さん、行きつけのレストランは、ありますか？
なぜ、そこに何度も行くのでしょうか？
いろいろ理由があると思います。

出される料理がおいしいのでしょう。
値段は、安いか、普通なのでしょう。
お店で働いている人は、愛想がいいのでしょう。
レストランの中は、きっと清潔なのでしょう。

これらすべては「善良さ」の構成要素です。

あなたは、何度も何度もそのお店に通うことで、知らないうちに莫大なお金を、落としているのではないですか?

そう、レストランの善良さは、あなたによって報われているのです。


ある日、あなたは、「たまには他の店にも行ってみるか」と思った。

そして、行ってみた。

そこは、料理がまずく、スタッフの態度が悪く、その割に値段がかなり高かった。

これは、「善良でない店」です。

「値段が高かった」ので、この店は、「短期間で大きな利益を手にした」といえるかもしれません。

しかし、あなたは二度とそこに行かないので、この店が得る利益も増えないことでしょう。


わかりやすい例をあげましたが、世界は、そんな風に動いているのです。

私たちは、日々「不正」のニュースを耳にします。

「不正」(=善良でないこと)を働いた人や企業は、壊滅的な打撃を受けますし、かなりの大企業でも、立ち直れず、他社に買収されるケースもあります。


日本には、「正直者はバカをみる」という諺《ことわざ》がありますね。

これは、ある面、事実です。

実際、正直者は、詐欺師にだまされて、窮地に陥ることがよくある。

だから、「だまされないように警戒しましょう」というのは、その通りです。


しかし、だからといって、私たち自身が、あるいは日本国民が、日本が、「だます側にまわりましょう」というのは、もちろん違うでしょう。

そして、「長期的に繁栄している詐欺師」の話は、あまり聞きません。

あるいは、「一〇〇年つづいている企業が、反則スレスレの過激マーケティングで大成功して」という話も聞きません。


私は、リアリストですが、自信をもって断言します。

**「善良さは、報われる」**と。

## ◉善良さと豊かさは、両立できる

ところで、「国民の善良さ」を測る指標はあるのでしょうか？

ちょっと思い浮かびません。

「世界の腐敗認識指数ランキング」というのがあります。

ドイツに本部を置く「トランスペアレンシーインターナショナル」が発表している。

これは、世界各国の政治家・公務員の汚職度がどうなっているのかをランキング化したものです。

一位は、「もっとも汚職が少ない国」で、一八〇位は、「もっとも汚職のひどい国」。

これは、まるまるそうではありませんが、ある程度、「国民の善良さ」を測る指標になりそうです。

二〇一七年度版の一位から一〇位を見てみましょう。

一位　ニュージーランド

二位　デンマーク

三位　フィンランド

三位　ノルウェー
三位　スイス
六位　シンガポール
六位　スウェーデン
八位　カナダ
八位　ルクセンブルク
八位　オランダ
八位　イギリス

同点、同順位が多いですね。

さて、これらの「汚職が少ない国」(＝善良な国)、国民の豊かさは、どうなのでしょうか？

「国民の豊かさ」を示す「一人当たりＧＤＰ　二〇一七年」と「汚職の少ない国々」を比較してみましょう。

汚職（少ない）ランキング　（一人当たりＧＤＰ）
一位　ニュージーランド　（二一位）
二位　デンマーク　（一〇位）

三位　フィンランド　（一七位）
三位　ノルウェー　（四位）
三位　スイス　（二位）
六位　シンガポール　（九位）
六位　スウェーデン　（一二位）
八位　カナダ　（一八位）
八位　ルクセンブルク　（一位）
八位　オランダ　（一三位）
八位　イギリス　（二四位）

これをみると、国民がもっとも豊かなルクセンブルクの汚職少ない度は八位、二番目に豊かなスイスの汚職少ない度は三位、四番目に豊かなノルウェーの汚職少ない度は三位となっています。


「汚職が少ない国は、豊かな国が多い」といっても、おそらく反論は出ないでしょう。

「汚職が少ないから豊かなのか？」「豊かだから汚職が少ないのか？」

これは、「ニワトリとタマゴどっちが先に生まれたの？」と同じで、答えるのが難しいですね。

個人的には、「豊かになるにつれ、汚職が減っていった」のだと思います。

この二つのランキングを見れば、少なくとも「善良さ、正直さと豊かさは、両立できる」ことがわかるでしょう。

「ずる賢くなければ、金持ちにはなれない」というのは、幻想です。

ちなみに日本は、汚職少ないランキング二〇位、一人当たりGDP二五位という結果でした。

## ◉「国家の品格」を評価する人は誰？

善良さについて、もう少しつづけます。

私たちは、国の品格について話しています。

大部分の日本人は、「日本は品格のある国」と思っていることでしょう。

しかし、そのことを世界に向けて大声でいえば、かなり嫌味です。

なぜでしょうか？

ある国に「品格があるか」「ないか」を評価するのは、**外国人だから**です。

日本人のある人が、「日本は宇宙一すばらしい国であ〜る！」と世界に向けて発信しつづければ、「右翼」にされてしまいます。

ところが、外国人、たとえばジェイソン・モーガンさん、ケント・ギルバートさん、テキサス親父さん、ロバート・D・エルドリッヂさんなどが大声でいっても「右翼」にはなりません。

当たり前ですね。

というわけで、私たちは、「日本の評判を高めるのは外国人」という視点に立って、考える必要もあります。

私は、ある中東の国に行き、「二度と行きたくない」と思った。

十数年経った今もそのことを忘れず、本にも書いています。

逆にフィンランドのことは、メルマガでも本でも何度も触れている。

私は、頼まれもしないのに、フィンランドの宣伝をしまくっていることになります。

外国人が、他国を褒める理由はなんでしょうか？

観光地のインパクトはあるでしょう。

「景色がキレイ」というのは、重要です（日本の景色は、キレイです）。

「食べるものがウマイ」というのも大きいですね。

私の知り合いのロシア人女性通訳は、仕事で半年ほど日本に滞在していました。

それで、モスクワに戻った後、「しょっちゅうコンビニおにぎりが夢に出てくる」といっていました。

私たちが日本に行く時、彼女は私の妻に、「最終日に納豆と焼きそばを買ってきて」といつも頼みます。

「町の清潔さ」もとても大切。

道にゴミがたくさん落ちていたり、トイレが汚ければ、自然が美しくても台無しですね。

そして、やはり「人」が最重要です。

道を聞いたら、その場所まで、送ってくれた。

店員さんが、親切だった。

「一貫して、人が親切であること」がとても大事です。

私は、フィンランドについて、親切な人の例を三人あげました。

しかし、書けばキリがないので書かないだけで、フィンランド人は、出会うすべての人が親切だったのです。

もしあなたが外国人に親切にすれば、彼は母国に戻って、日本の宣伝をしてくれるでしょう。

彼は、「日本は品格のある国だよ」とはいわないでしょうが、「日本人は親切だ！」「日本人は優しい！」「日本人は最高だ！」とはいってくれるでしょう。

ブログに書いたり、ユーチューブで話したり、日本の良さを勝手に拡散してくれる人も出てくるに違いありません。

**あなたが外国人に優しくすることは、日本の国益**なのです。

## ◉人が善良でいるためには、〇〇が大事

私は、「国民が善良な国を創ろう」と提案しています。

それが、「品格ある国」であると（繰り返しますが、日本人は、今でも十分善良だと思います）。


では、どうすれば、「善良な国民」を増やすことができるのでしょうか？

一つは、いうまでもなく教育、しつけですね。

子供は、何が善で、何が悪かわかりません。

一から一〇まで教えなければ、無意識のうちに悪い行動をしてしまいます。

ここまでは、当然です。


私が強調したいのは別のことです。

それは、**「私たちは、マザー・テレサではない」**ということ。

「飢えた人、裸の人、家のない人、体の不自由な人、病気の人、必要とされることのないすべての人、愛されていない人、誰からも世話されない人のために働く」という目標を掲げ、それを完遂した彼女は、世界中で尊敬されています。

しかし、国民にそこまでのレベルを求めるのは、まさに非現実的。

誰かが私に、「あなたは、マザー・テレサのようになれますか？」と聞けば、もちろん「無理です！」と答えるでしょう。

普通の人が善良でいるためには、**余裕**が必要なのです。

どういうことでしょうか？

## ◉『博士と彼女のセオリー』でわかること

皆さんは、『博士と彼女のセオリー』（ジェームズ・マーシュ監督）という映画を見たことがあるでしょうか？

これは、「車いすの物理学者」として知られた故スティーブン・ホーキング博士と妻ジェーンさんに関する映画です。

実話に基づいて作られました。

私は、この映画の予告を見て、「車いすのホーキング博士を支えつづけた奥さんの、献身と愛の物語なのだろう」と思いました。

ところが、見ていくうちに、「なんか予想と全然違うぞ」と思いはじめた。

何が起こったのでしょうか？

順番にお話しします。


ケンブリッジ大学の学生だったホーキングさんは、同じ大学のジェーンさんと知り合い、愛し合うようになります。

ところが、卒業前に病気にかかり、体が次第に動かなくなってきた。

彼は、ジェーンに、「重い病気で余命二年と宣告された」と告げます（実際は、七六歳まで生きました）。

ところが、ジェーンは、「私たちは、一緒にいるべきよ！」といい、二人は結婚するのです。

ジェーンさんは、ホーキングさんを心から愛している。

そして、敬虔なクリスチャンで、高い道徳心を備えた、まさに「善良な人」でした。

二人は、三人の子供を授かり、幸せいっぱいの家族になるはずでした。

ところが、ジェーンさんは、次第に疲弊するようになっていきます。

想像力を少し使えば、彼女の状態が理解できるでしょう。

夫は、天才ですが、自分では着替えも、食事も、トイレに行くこともできない。

つまり、彼女は、結婚した途端に、夫を介護する立場になった。

それだけでも大変ですが、彼女は子育て（三人）もしなければならない。


疲れ切っていた時に、彼女は、教会の聖歌隊指導者ジョナサンと知り合います。

彼は、妻に先立たれ、今は独身でした。

ジェーンは、事情を話し、ジョナサンにいろいろな手伝いを頼むようになります。

そして、どうなったか？

ジェーンとジョナサンは、愛し合うようになってしまうのです。

一方、ホーキング博士は、性格の明るい看護師エレインさんを好きになった。

結局、ホーキング博士とジェーンさんは、二六年の結婚生活に終止符を打ち、離婚。

博士は、エレインさんと、ジェーンはジョナサンと、それぞれ再婚することになりました。


この映画を見て私は、「仕方ないな」と思いました。

夫の介護と、三人の子育てを一人でこなすのは、あまりにも大変すぎる。

こういう状況下では、善良な人でも、耐えきれなくなるのでしょう。

一方で、「破局を避ける方法があっただろうに」とも思いました。

つまり、ジェーンさんが「しんどい！」と感じた時点で、お手伝いさんを頼めばよかったのです。

必要なら二人でも三人でも。

もちろん、お金の問題はありますが、ホーキング夫妻に関しては、資金はあったのだろうと思います。


なぜ、二人は別れることになったのか？

もちろん、ホーキング博士も、ジェーンさんも「他の人を好きになったこと」なのですが。

しかし、その前段階で、「疲労」があった。

なぜ疲労がたまっていたかというと、**「余裕がなかったから」**でしょう。

## ◉私の介護、子育て体験

「余裕」について、もう少し、実感のある話をします。

私自身の話です。

私は一九九八年に、妻と知り合いました。

私は当時二七歳、彼女は二三歳でした。

当時私は、人生最大の金欠状態にあった。

それで、日本の広告代理店のモスクワ事務所で、通訳の仕事をして食いつないでいたのです。

妻は、当時大学院生で、同じく日本語―ロシア語の通訳として、同じ広告代理店に来ていました。

私は、一目見て、「これは口説《くど》くべし！」と思ったものの、大問題があった。

そう、**「金がない……」**。

そこで、「金がなくても口説ける方法はないかな？」と自問します。

私は、大学で国際関係を学んだので、「彼女の『国益』はなんだろう？」と考えました。

すると、即座に「日本語だ！」とひらめいた。

私は、知り合った日、彼女にこんなことをいいました。

「日本語を勉強するなら、ネイティブと話した方がいいよね」

彼女は、「そうですね」といいました。

私は、「ネイティブと話したくなったら、電話して！」といって、電話番号を渡しました。

その後、彼女はアルバイトの期間が終わり、仕事で会うことはなくなり、彼女のことはすっかり忘れていたのです。

ところが、電話番号を渡して三週間ぐらいしてから、電話がありました。

「誰ですか？」という感じですが、話をし始めて思い出しました。

日本語で長々と話した後、「ほんじゃあ、また日本語話したくなったら、電話して」といいました。

すると彼女は、「明日かけてもいいですか？」といいます。

私は、「あんまり女の子にかけさせるのもかわいそうだな」と思い、「じゃあ、こっちから明日かけるね」といいました。

そんな感じで、毎日電話で話すようになり、抵抗なくつきあうようになっていったのです。

私は、金を稼ぐ理由ができたので、メルマガ、ロシア情報ＨＰ、企業向け情報誌、投資コンサル会社などを、次々と立ち上げていきました。

それで、お金の問題はなくなっていった。


しかし、私たちが結婚したのは、知り合って一〇年後、二〇〇八年のことです。

なぜそんなに時間がかかったのでしょうか?

彼女の家族の健康問題が大変だったのです。


まず私たちが知り合った頃、彼女のおばあさんは、がんにかかっていました。

おばあさんは二〇〇〇年、九一歳で亡くなりました。


試練はつづきます。

今度は彼女のお母さんが、がんになったのです。

彼女は、仕事をしながら、介護することになりました。

しかし、最後の数年間は、お母さんの容態が悪化し、彼女は仕事をつづけることができなくなった。

それで私が、金銭的にサポートすることにしました。

私たちは、二〇〇八年に結婚。

義母は二〇〇九年、七三歳で亡くなりました。

試練は、まだつづきます。

義母が亡くなった時点で、義父は、すでに「病気のデパート」状態でした。

糖尿病で、高血圧で、心臓が悪く、認知症。

この中で、もっとも大変だったのは認知症です。


深夜三時ぐらいに私たちの部屋のドアを叩き、「朝だから起きろ！」といいます。

妻が部屋を出て、「お父さん、まだ三時だから、自分の部屋に行って寝てね！」といいます。

義父は、「お～そうか！」と納得して自分の部屋に行きます。

一〇分後、彼は戻って来て、「朝だから起きろ！」といいます。

もう忘れているのですね。

そんなやり取りが、毎日何十回も繰り返される。

妻は、普段相当穏やかな性格ですが、さすがにキレることもありました。

そんな中、二〇一一年、長女が誕生。

私たちは、義父の介護と、子育てをこなしていく生活になった。

同年、義父は亡くなりました。

七七歳でした。


私と妻が一緒に暮らし始めたのは、結婚した二〇〇八年からです。

それで、私の介護生活は、義父が亡くなるまでの三年間でした。

あまり長くない期間ですが、介護の大変さ、介護と子育てを両立させることの難しさは理解できました。

そんな体験から、ホーキング博士夫婦の映画を見て、「仕方ないな」と思ったのです。


私たちの介護生活は大変でしたが、それでも救いはありました。

まず、私が妻の近くにいることができたことです。

結婚した当時、私は妻の実家から歩いて三〇秒のところにオフィスを借りていました。

仕事は、すでに執筆中心になっていて、かなり時間の融通がきいた。

それで、妻のサポートをすることができた。

もう一つは、妻の兄、つまり私の義兄がサポートしてくれたことです。

彼は、仕事の帰りに、毎日私たちの家に立ち寄り、義父をお風呂に入れてくれました。

義兄は、その他にも、いろいろ手伝ってくれました。

というわけで、私たちの介護生活は大変でしたが、三人態勢だったので、ある程度余裕があったのです。

これが、妻一人とか私一人で、「介護も子育ても」となれば、発狂していたかもしれません。

こんな体験から、私は、**「人生には余裕が必要だ」「普通の人が善良でありつづけるためには余裕が必要だ」**と思うのです。

この「余裕」というのは、この本の重要キーワードの一つです。

これから何度も出てきますので、覚えておいてください。

## ◉超格差世界の実態

次のキーワードに行きましょう。

皆さんに質問です。

世界の人口は二〇一七年初めの時点で、約七二億人でした（二〇一八年七月時点で、約七四億人)。

七二億人の半分は、三六億人です。


ここで、問題です。

「世界の貧しい人たち三六億人分の資産は、もっとも豊かな人たち何人分と同じでしょうか?」


わかりにくいでしょうか?

もう一度書きます。

「世界の貧しい人たち三六億人分の資産は、もっとも豊かな人たち何人分と同じでしょうか?」


もっと単純化すると。

「世界の貧しい人三六億人分の資産=世界最富裕層?人の資産」である。


さて、何人?

以下からお選びください。
世界の貧しい人三六億人の資産額は、世界の最富裕層の、

①八億人　と同額である
②八〇〇〇万人　と同額である
③八〇〇万人　と同額である
④八〇万人　と同額である
⑤八万人　と同額である
⑥八〇〇〇人　と同額である
⑦八〇〇人　と同額である
⑧八〇人　と同額である
⑨八人　と同額である

次に進む前に、必ず紙に答えを書いてください。
答えは……。

答えは、**八人**です！

正解は、**⑨の「八人」**。

「……ウソをいうな！

金持ちとはいえ、たった八人の資産が、三六億人分と等しいなどということがあるはずがない！　おまえは、トンデモ、陰謀論者だ！」

怒りの声がたくさん聞こえてきます。

では、証拠をお見せしましょう。

〈**世界人口の半分三六億人分の総資産と同額の富、八人の富豪に集中**（ＡＦＰ＝時事二〇一七年一月一六日一三：〇一配信）

貧困撲滅に取り組む国際ＮＧＯ「オックスファム（Oxfam）」は一六日、世界人口のうち所得の低い半分に相当する**三六億人の資産額と、世界で最も裕福な富豪八人の資産額が同じ**だとする報告書を発表し、格差が「社会を分断する脅威」となるレベルにまで拡大していると警鐘を鳴らした。〉

これで、私が「トンデモ、陰謀論者」でないこと、ご理解いただけたでしょう。

〈この報告書は、スイス・ダボス（Davos）で一七日から世界経済フォーラム（WEF）の年次総会（ダボス会議）が開催されるのを前に発表されたもの。

それによると、世界人口のうち所得の低い半数の人々の資産額の合計と同額の富が、米誌フォーブス（Forbes）の世界長者番付上位の米国人六人、スペイン人一人、メキシコ人一人の計八人に集中しているという。〉（同前）

八人とは、誰なのでしょうか？

〈この八人の中には、米マイクロソフト（Microsoft）の共同創業者ビル・ゲイツ（Bill Gates）氏、交流サイト（SNS）最大手フェイスブック（Facebook）の共同創業者マーク・ザッカーバーグ（Mark Zuckerberg）氏、インターネット通販最大手アマゾン・ドットコム（Amazon.com）創業者のジェフ・ベゾス（Jeff Bezos）氏が含まれている。〉（同前）

・ビル・ゲイツ（マイクロソフト）（二〇一六年資産は、八兆四八〇〇億円！）
・マーク・ザッカーバーグ（フェイスブック）（五兆四〇〇億円）
・ジェフ・ベゾス（アマゾン）（五兆一一〇〇億円）

いずれも、世界的企業の創業者。
残り五人は誰なのでしょうか？

・アマンシオ・オルテガ（ザラ）（七兆五七〇〇億円）
・ウォーレン・バフェット（バークシャー・ハサウェイ）（六兆八〇〇億円）
・カルロス・スリム（テレフォノス・デ・メヒコ）（五兆六五〇〇億円）
・ラリー・エリソン（オラクル）（四兆九三〇〇億円）
・マイケル・ブルームバーグ（ブルームバーグ）（四兆五二〇〇億円）

う～む。
資産額を見ると、オックスファムの報告も、「そうなのだろうな」と思えます。

これだけでも十分ショッキングですが、もっと重要なのは、「傾向」です。
つまり、格差は拡大しているのか、縮小しているのか？
二〇一六年の報告書には、こんなことが書かれていました。

〈上位一％の富裕層が握る資産額は、残り九九％の資産額を上回る水準にあるという。〉（「CNN.co.jp」二〇一六年一月一八日付）

超富裕層八人の資産額は、貧しい人三六億人分の資産に等しい。

それだけでなく、

**上位一％の資産は、残り九九％の資産額より多い！**

そして、同報告書によると、格差はますます拡大しつづけています。

〈富裕層と貧困層の所得格差も拡大を続けている。

一日あたりの生活費が一・九〇ドル未満という極貧ライン以下の生活を送る下位二〇％の所得は一九八八年から二〇一一年までほとんど動きがなかったのに対し、上位一〇％の所得は四六％も増加した。〉（同前）

世界には、一日当たり一・九ドル（一ドル一〇〇円換算で一九〇円）、つまり月六〇〇〇円以下で暮らしている人が、二〇％もいる。

世界の人口が七四億人とすると、一四億八〇〇〇万人もいる。

**・八人の超富豪と、貧しい三六億人の資産は同じ**
**・上位一％の資産は、残り九九％を超える**
**・貧富の差は、ますます拡大している**

このような世界の現状は、陰謀論者でなくても、「おかしい」と思うでしょう。

アメリカでも、そう考える人が増えていました。

すぐに思い出されるのは、アメリカで二〇一一年に盛り上がった「ウォール街を占拠せよ！」運動でしょう。

スローガンは、「We are the 99%!」（私たちは、九九％だ！）

意味は、「トップ一％はますます豊かになっているが、残り九九％は、ますます貧しくなっている！」。

このスローガンを聞いて、私自身も、「大げさだなあ」と思いました。

しかし、オックスファムの報告書によると、「まさにその通り」である。

**格差解消。**


これが、この本三つ目のキーワードです。

格差解消と聞くと、なんとなく、社会主義、共産主義を思い出す人もいるでしょう。

私は、一九歳でソ連に留学した。

それで、私に「共産主義者ですか？」と聞く人がいます。

私は、共産主義者ではありませんし、今までそうだったことは一度もありません。

留学時点で、「あなたは共産主義者ですか？」と聞かれたら、「え？　共産主義ってなんですか～？」と逆に質問したことでしょう。

そして、留学した翌年に、共産主義教の総本山ソ連は崩壊した。

そんなアテにならない宗教をベースに、「日本を立て直しましょう」などといえるはずがない。


私は、ただ事実として、「格差がものすごいことになっていますよ」「放置したらもっとひどくなりますよ」という話をしています。

「万民平等」を掲げ、私有財産を禁止し、全国民を公務員にした共産主義国家は滅びました。

日本は、誰の権利も侵害せず、スマートに格差を解消するべきです。
どうやって?
この本で、考えていきましょう。

ここまでで私が提案する改革、三つのキーワードが出そろいました。

① 国家の品格は、国民の「**善良さ**」にかかっている。
② 国民が善良でいられるためには、「**余裕**」が必要。
③ 格差がひどい状況になっている。スマートに「**格差解消**」しなければならない。

これを読んでも、「なんのこっちゃ?」という感じでしょうが。
徐々に、具体的な話に進んでいきましょう。

# 第二章 家族大切主義と真の働き方改革

第一章では、私が提案する改革のキーワードを三つあげました。

第二章では、**「日本人の幸福度を劇的に高める方法」**について書きます。

書く前からすでに、「たくさん批判されるだろうな」と考えています。

しかし、日本と日本国民のために、勇気を出して書いていきましょう。

## ◉敗戦で日本に起こったこと

ある国の民は、何かを信じています。

国民共通の信仰、信念は、空気のようなもので、普段はみえません。

しかし、それは確かに存在しています（国によっては、存在していないこともあります）。


アメリカ人は、自由、民主主義などを信じています。

欧州の人たちも、アメリカと信念は似ています。

しかし、より人権を重視している気がします。

ロシア人は、かつて共産主義を信じていましたが、今は伝統宗教、たとえばロシア正教、イスラム教、チベット仏教などを信じている人が多い（プーチンを信じている人も多い）。

中国人は、何を信じているのでしょうか？

もはや共産主義ではなさそうです。

中国共産党は、「わが党のおかげで、アメリカに次ぐ超大国になれた」と信じさせたいのでしょう。

しかし、多くの中国人は、「お金」を信じているように見えます。

北朝鮮は、わかりやすいですね。

金正恩《キムジョンウン》を信じています。


ところで、日本人は何を信じているのでしょうか？

これ、すぐに答えが出てくる人は、いないと思います。

「そもそも皆が信じているものなどないのでは？」

と考える人もいるでしょう。

実をいうと、私もそう思います。

では、日本は昔から、「信じるものは、人それぞれ」だったのでしょうか？

たとえば江戸時代、人々は、「幕府は天地のごとく盤石」と考えていたようです。

明治時代になると、今度は、天皇が信仰の対象になりました。

新政府は、明治天皇を中心に、新しい体制づくりを進めていった。

結果、日本は、驚くべき成長を実現します。

そして、日清戦争、日露戦争、第一次大戦で連戦連勝。

きわめて短期間で、「世界五大国」の一つに数えられるようになった。

これは、まさに人類史上の奇跡といえるでしょう。

「天皇陛下について行けば、間違いない」という信念が強化されていったのは当然でした。


しかし、その信念、信仰をぶち壊す大事件が起こった。

そう、一九四五年の敗戦です。

日本人は、アイデンティティー・クライシスになりました。

今まで信じていたものが、いきなり否定されたからです。


一九七〇年生まれの私は、一九四五年の日本国民がどう感じたのか、正確に理解することはできません。

その時のことを知っている、両親、親戚、知人から聞いて、想像するしかない。


しかし、「信じているものがいきなり否定された」「アイデンティティー・クライシスになった」人たちを、生で見る機会はありました。

私は一九九一年一二月、ソ連崩壊を現地で目撃したのです。

それは、全ロシア人が、七〇年以上信じてきた共産主義が「間違っていた」ことを悟った瞬間でした。


ちなみに、ソ連時代、共産主義の善悪はともかく、国内はそれなりに安定し、人々は穏やかで善良でした。

ところがソ連崩壊後は、「信じるものを失った」人々だらけになった。

それで、九〇年代のロシアは、まさにアナーキー（無政府状態）だったのです。


「信じていたものが、いきなり否定される」というのは、大変なことです。

## ◉「会社教」の誕生と崩壊

さて、日本人は敗戦後、何を信じて生きてきたのでしょうか？

私が見るに、大部分の日本人は、会社を信じたのです。

天皇陛下や日本国に向けられていた忠誠心が、今度は自分の会社に向けられることになった。

そして、日本経済は、またもや奇跡的な成長を始めました。


「会社教の本質」はなんでしょうか？

社員は、会社に絶対忠誠を誓います。

会社は、二つの「現世利益」を与えます。

「二つの現世利益」とは、すなわち、

**・年功序列（年と共に、地位が高くなり、給料も増えますよ）**
**・終身雇用（あなたをクビにしません。定年まで勤めることができますよ）**

この二つ、今考えると、極めて魅力的ですね。

なんといっても、**右肩上がりで収入が増え、地位も上がり、しかもリストラされる心配はない。**

それで、奥さんも、納得していました。


「会社教」は、一九五〇～一九九〇年ぐらいまで、非常にうまく機能していた。

ところが、一九九〇年代初めに大事件が起こります。

**バブル崩壊。**

これで、「会社教」の現世利益の一つである、「右肩上がりで給料が増えていく」が難しくなった。

それでも、もう一つの「終身雇用」は、なんとか維持されていたようです。

少なくとも、企業は努力していました。

いつ「会社教」は、決定的に崩壊したのでしょうか？

私は、一九九〇年代末から新世紀初めに起こった二つのできごとを重視しています。

一つ目のできごとは、カルロス・ゴーンさんの登場です。

ゴーンさんは、一九九九年日産のＣＯＯに、二〇〇一年ＣＥＯに就任しました。

彼は、大改革を実行し、業績をＶ字回復させることに成功。

そして、彼はバブル崩壊後も日本では「タブー視」されていた大リストラを断行した。

ゴーンさんの成功は、日本の経営者たちに「**黒い勇気**」を与えてしまいます。

そう、「**リストラしてもいいのだ！**」という勇気。

以後、「会社教」の大きな柱の一つだった「終身雇用制」は崩れ、日本中でリストラの嵐が吹き荒れることになります。

「会社教」を崩壊させたもう一つのできごとは、「ユニクロの成功」です。

一九九九年、ユニクロブランドのフリースは、なんと八〇〇万着も売れたのです。

そして、それは「メイド・イン・チャイナ」である。

ユニクロが成功する前、中国製品は、なんやかんやいっても、「安かろう悪かろう」のイメージがありました。

ところが、ユニクロの成功で、「日本企業がしっかり監督すれば、中国製は安くて、まあまあ質もいい」ことがわかった。

そして、何よりも、「中国製を着ることへの抵抗」がなくなりました。

以後、日本企業は、競って中国に進出していきます。

このことは、マクロで見れば、中国を繁栄させ、日本経済を沈める結果になった。

しかし、今となってはどうしようもありません。

日本の一人当たりGDPは二〇〇〇年、三万八五三五ドルでした。

一方の中国は同年、九五八ドル。

中国の人件費は当時、日本の四〇分の一だった。

経営者がこの魅力に勝つことは、難しかったでしょう。


「会社教」は、その後どうなったか？

日本では、**年功序列、終身雇用が、徐々になくなっていった。**

これは、「会社教」を支える、二つの柱が折れたことを意味します。


「会社教」は、**企業が、社員に約束していた二つの約束を放棄した**ことで、崩壊したのです。

結果、**社員の会社への忠誠心は失われました。**


数年前、日本に一時帰国した際、テレビをつけると「社員の忠誠心がなく困っている」という話をしていました。

ある会社で、上司が部下を呼び、「今度、インドに支店を開く。それで君に行ってほしいのだが」といいます。

すると、部下の社員は、「いやです！」ときっぱり断った。

それで、テレビでは、「今の社員は、まったく……」と文句をいっている。

しかし、私は「断って当然だよな」と思いました。
なぜでしょうか？
**会社に忠誠を尽くしても、不況になれば、すぐリストラするから**です。

どんな関係も、相互に信頼がなくては成り立ちません。
会社が、「苦しくなったらいつでもリストラするけど、忠誠心もてよ！」と主張しても、
社員は、「アホか！」と思うだけです。

こうして日本で「**会社教の時代**」**は終わりました**。

「**信じるもの（会社）に裏切られた**」
「**信じられるものがない**」

これが、**日本が漂流している、最大の原因**だと私は思います。
もちろん、私個人の解釈です。
皆さんは、どう思われますか？

## ◉「会社教」に代わる、次の価値観が必要

日本は、「会社教」では、発展しなくなりました。

先に進むためには、「新しい価値観」が必要です。

それは、なんでしょうか？


まず、「そんなもん、人それぞれでいいのでは？　別に国が決めることじゃない」という意見はあるでしょう。

個人個人に関しては、「その通り」だと思います。

私も、国が個人に「あ～しろ、こ～しろ」というべきではないと考えます。

しかし、国が方針を定めることは大事です。

江戸幕府が倒された後、明治新政府は、「日本を立憲君主制にしよう！」と決めました。

そして、憲法を作り、議会が開かれた。

これ、今の私たちには、「当たり前」に感じられます。

しかし、その前の歴史をみてください。

鎌倉幕府の後は、室町幕府ができた。
室町幕府の後は、江戸幕府ができた。
であるのなら、江戸幕府の後、島津幕府や毛利幕府ができてもおかしくありません。
しかし、明治新政府は、賢明にも「欧州型の立憲君主制で行こう！」と決めた。
おかげで日本は、大発展することになったのです。

敗戦後の日本政府は、「経済最優先で行こう」と決めました。
おかげさまで、日本は短期間で世界第二の経済大国になった。

このように、政府の方針は、国民生活を激変させます。
間違った方針が立てられれば、国が傾き、正しい方針が立てられれば、国が栄える。
ですから、国民は好きに生きても、国は方針を定めなければなりません。

## ◉なぜ、「戦前回帰」ではダメなのか？

「戦前に戻って、国家と天皇陛下を中心にやっていけばどうですか？」

という意見もあるかと思います。

私も、「日本国最大のユニークさは、天皇だ」と考えています。

天皇家がずっとつづいているおかげで、日本は「世界一古い国」である。

そして、**「天皇の存在が、日本の安定の要因だ」**とも思います。

しかし、「戦前の体制に戻す」ことについて、私は反対です。

理由は、国際的非難を避けることができず、日本が世界で孤立するからです。

この話を聞き、「大げさだな〜。反対するのは、中国、韓国だけですよ」と反発する人もいるでしょう。

それは事実ではありません。

たとえば、二〇一三年一二月に、安倍総理が靖国神社を参拝した時のことを思い出してください。

これを非難したのは、中韓だけではありませんでした。

実際、「世界中」といっても大げさでないほど、批判されたのです。

当時、世界のメディアが、靖国参拝をどう報じたか、みてみましょう。

・二〇一三年一二月二六日、安倍総理の靖国参拝について、**アメリカ大使館**が「**失望した**」と声明を発表。

・**アメリカ国務省**も「**失望した**」と、同様の声明を発表。

・**英「ファイナンシャル・タイムズ」（電子版）**は、安倍総理が「**右翼の大義実現**」に動き出したとの見方を示す。

・**欧州連合（EU）のアシュトン外相**は、（参拝について）「**日本と近隣諸国との緊張緩和に建設的ではない**」と批判。

・**ロシア外務省**は、「このような行動には、遺憾の意を抱かざるを得ない」「**国際世論と異なる偏った第二次大戦の評価を日本社会に押し付ける一部勢力の試みが強まっている**」と声明。

・**台湾外交部**は、「歴史を忘れず、日本政府と政治家は史実を正視して歴史の教訓を心に刻み、**近隣国や国民感情を傷つけるような行為をしてはならない**」と厳しく批判。

・一二月二七日、**米「ニューヨーク・タイムズ」**、社説「**日本の危険なナショナリズム**」を掲載。

・一二月二八日、**米「ワシントン・ポスト」**は、「挑発的な行為であり、安倍首相の国際的な立場と日本の安全をさらに弱める」と批判。

・同日、**オーストラリア有力紙**「オーストラリアン」は、社説で「**日本のオウンゴール**」「**自ら招いた外交的失点**」と指摘。
・一二月三〇日、**米**「**ウォール・ストリート・ジャーナル**」、「安倍首相の靖国参拝は日本の**軍国主義復活**という幻影を自国の軍事力拡張の口実に使ってきた中国指導部への贈り物だ」（つまり、「日本で軍国主義が復活している」という、中国の主張の信憑性《しんぴょうせい》を裏付けた）。
・同日、**ロシアのラブロフ外相**は、「**ロシアの立場は中国と完全に一致する**」「**誤った歴史観を正すよう促す**」と語る。

どうですか、皆さん？

こういう反応があったことを、ご存知でしたか？

これらをみると、「反対なのは中国、韓国だけ」という日本国内での報道のされ方は、かなり強引であったことがわかります。

実際には、中韓に加え、米国、イギリス、ＥＵ、オーストラリア、ロシア、親日の台湾まで、靖国参拝を批判していた。

どうして「祖国のために戦って命を落とした人たちの霊を慰める行為」が、外国から批判されるのでしょうか？

それは、「靖国神社＝軍国主義の象徴」と、世界的にプロパガンダされているからです。

プロパガンダの主体は中国、韓国ですが、いわゆる「戦勝国」（＝アメリカ、イギリス、フランス、ソ連（現ロシア））も、両国の主張に賛同しています。

そして、いわゆる「戦勝国」は、「天皇へのファナティックな信仰が、日本の強さと怖さの原因」と信じ、恐れている。

ですから、「日本がまた天皇を中心に国づくりをする」となれば、戦勝国が一体化して「日本つぶし」に動くでしょう。

「天皇＝日本の象徴」とする現体制は、世界中の誰からも批判されません。

天皇は、政治に一切関与しない、立憲君主です。

そして、国民から大いに愛され、尊敬されている。

私は、天皇については、「現状のままが一番よい」と考えています。

私が「戦前への回帰」に反対するもう一つの理由は、「**それが負けた体制だから**」です。

同じことをして、「今度は勝てる」と思うのは、愚かです。

負けたのであれば、「負けた理由」を分析し、「勝てる体制」に変わっていかなければなりません。

「負けた戦前の体制に戻せば、今度は勝てる」というのは、まったく論理的ではありません。

## ◉日本に必要なのは、「家族大切主義」

国家、天皇、会社中心の価値観は、過去に大きな成果をあげ、そしてその役割を終えました。

他に「中心となり得る価値」は、おそらく「個人」か「家族」でしょう。

個人主義を、辞書で見ると、

〈英語individualismなどの訳。個人の尊厳とその自己決定を最優位とする立場をいう。〉だそうです。

個人の尊厳と自己決定を最優位とする。

個人主義、本来はしっかりした哲学的背景があり、「利己主義」「エゴイズム」とははっきりと違います。

しかし、ある思想は、「どのように解釈され、実践されているか」も大事ですね。

たとえば共産主義は「万民平等の世界」を夢見ていた。

ところが、現実はどうだったでしょうか？

ソ連、中国、北朝鮮、カンボジアなどで、「人民の敵を排除する」という名目で、大量虐殺が行われています。

ですから、「共産主義は本来よい思想なのだが……」という人がいても、信用できません。

個人主義も、「本来の意味」と「実際」が、かけ離れている。

日本に導入された**個人主義は、利己主義に転化してしまい**、しばしば問題を引き起こすようになっています。

それで私は、「**大切にしようと強調すべきなのは、個人よりも家族だ**」と思うのです。

私は、日本国はこれから、「『**家族大切主義**』で行くべきだ」と思います。

私は、「家族主義」という言葉をわざと避けました。

「家族主義」を辞書で引くと、

〈家族内にみられる人間関係や生活態度ないし意識を、家族以外の社会集団へも広げ

適用しようとする考え方。また、これに基づく制度や慣習。〉

とあった。

これは、私の主張と違います。

また、今流行《はや》りの「ファースト」を使い、「家族ファースト主義」と名づけようかなとも思いました。

しかし、そうすると、「仕事は二の次でいいのか!?」とか「日本国はどうするのだ?」とか突っ込みが入りそうですね。

私のいう**「家族大切主義」**とは、ただ単に**「家族を大切にしましょう」**という意味です。

もっと具体的に書くと、

「おじいさん、おばあさんを大切にしましょう」
「お父さん、お母さんを大切にしましょう」
「兄弟、姉妹を大切にしましょう」
「奥さん、ダンナさんを大切にしましょう」
「子供たちを大切にしましょう」

「孫たちを大切にしましょう」

ここに、「仕事を軽視しよう」とか「日本の国益を無視してもいい」などの意味は一切ありません。

## ◉長時間労働が、家族を破壊する

近年、「幼児虐待」のニュースを、しばしば耳にするようになりました。

それほど頻繁ではないにしろ、「親殺し」「子殺し」といった驚愕の事件も起こっています。

これらは、はっきりと**「家庭崩壊が原因」**といえるでしょう。

深刻な「いじめ問題」も、「いじめっ子の家庭環境」と関係があるのかもしれません。

もちろん、「すべての家庭が崩壊している」とか「大部分の家庭が崩壊している」というつもりは、まったくありません。

しかし、「家庭崩壊は深刻な問題だ」といっても、あまり反対は出ないでしょう。

だからこそ、私は、**「家族大切主義で行きましょう！」**と主張しているのです。

崩壊する家庭は、何が問題なのでしょうか？

私は、**「長時間労働が最大の問題」**と考えています。

朝から夜まで毎日働いている人の問題を、常識で考えてみましょう。

## ・日本人は疲れている

世界中、どこの国の電車に乗っても、最近はスマホをいじっている人が多いです。

しかし、日本だけに見られる特殊な現象もある。

そう、日本の電車内では、**「寝ている人」が異常に多い**のです。

もちろん他国でも見かけますが、電車の中で寝ている日本人の数は、圧倒的に多い。

なぜでしょうか？

まえがきで、**「日本人の平均睡眠時間は、一〇〇カ国中もっとも短い」**というミシガン大学の研究結果をご紹介しました。

長時間労働であれば、「寝ている暇」がありません。

それどころか、**「過労死」「過労自殺」**にいたることもあります。

## ・結婚するのが難しい

二〇一五年の国勢調査によると、「五〇歳まで一度も結婚したことがない」、いわゆる「生涯未婚率」は、男性二三・三七％、女性一四・〇六％だそうです。

男性の約四人に一人、女性の約七人に一人は、「生涯未婚」である。


もちろん「結婚する、しない」は、本人の自由です。

他人が口出しすることではない。

しかし、「結婚したいけどできない人が大量にいる」となると、「社会にも問題があるのではないか？」と思わざるを得ません。


ちなみに国立社会保障・人口問題研究所が実施した「出生動向基本調査（独身者調査）」によると、一八～三四歳で「いずれ結婚するつもり」と考えている人の割合は、男性八六・三％、女性八九・四％でした。

結婚願望はあるものの、結婚できない人もたくさんいる。

未婚者二五～三四歳の人に、「独身でいる理由」を聞くと、「いい相手にめぐり合わない」「結婚資金が足りない」が多い。

この「いい相手にめぐり合わない」ですが、**朝から夜まで毎日仕事をしていたら、「いつ知り合うの？」**という問題があります。

## ・子育てが難しい

結婚して、めでたく子供を授かった。

男性が働き、女性が専業主婦であるケースを想像してみましょう。

男性は、早朝に家を出て、夜遅くに帰ってきます。

当然、男性が子育てに参加することは、非常に難しいでしょう。

奥さんは、実質一人で子育てをせざるを得ず、ストレスをためることになります。

奥さんはイライラしがちになり、ダンナさんに「あなたも少しは手伝ってよ！」とクレームする。

ダンナさんは、上司にいじめられながら朝から夜まで働き、「家族のために金を稼いでいる」と思っているので、心外です。

「ふざけるな！　誰のおかげで食ってけると思ってんだ！」と叫ぶかもしれません。

人によっては、暴力をふるうかもしれません。

こういう環境で育つことになる子供は、かわいそうですね。

第一章で書きました。

**「余裕が必要だ」**と。

この状態は、まさに**「余裕がない状態」**。

次に、共働き、しかも二人とも長時間労働である夫婦の生活を想像してみましょう。

この場合、子供はとても小さな頃から保育園に預けられ、両親との触れ合いが少ないまま成長していきます。

「両親共働きだとグレる」という人もいますが、そんな単純な話ではないでしょう。

この説が本当であれば、女性の社会進出が進んでいる欧米の子供たちは、「ほとんどグレる」という話になってしまいます。

もちろん、そんなことはありません。

実際、私の知人、友人でも、「両親共働きで、子供の頃は、寂しい思いをした」という人たちがいます。

皆立派に成長し、すばらしい家庭を築き、会社で重要な地位についている。

とはいえ、「長時間労働でなければ、共働きでも、子供と触れ合う時間ができる」といえますね。

それは、両親にとっても、子供たちにとっても幸せなことでしょう。

## ・熟年離婚

近年、熟年離婚が問題になっています。

「結婚してから二〇年以上経った夫婦の離婚」を「熟年離婚」とすると、全離婚件数の一七％が「熟年離婚」（厚生労働省、二〇一六年）。

その理由は、「女性が稼げるようになったから」「浮気や不倫をされたから」「相手の親の介護に疲れたから」「相手の介護をしたくないから」などだそうです（離婚弁護士ナビ、二〇一七年六月二九日）。

いずれにしても、根本理由は、「愛情がなくなった」ことでしょう。

なぜ愛情がなくなるのでしょうか？

これは、いろいろあって一つの理由をあげることはできません。

しかし、ダンナさんが熱心な「会社教徒」で、ほとんど家におらず、奥さんとのコミュニケーションが不足していたという話は、皆さんもしばしば耳にするのではないでしょうか？（「熱心な会社教徒」という表現はしないでしょうが）。

ざっくり書いてきましたが、「長時間労働が家庭に打撃を与えている」と聞いて、「その通りだ！」と思う人はきっと多いだろうと思います。

## ◉幼児虐待女性、衝撃の告白

ここで、「余裕がないとどうなるのか？」の例をあげておきます。

「ＦＮＮ ＰＲＩＭＥ」（二〇一八年九月二五日付）に、「『このままだと我が子を殺してしまう』虐待と向き合う母の告白」という衝撃的な記事が載っていました。

「自分の子供を虐待していた」と告白した女性は、大阪在住四九歳の女性ヨシコさん（仮名）です。

一番厳しかった時期、長男は中学校一年生、次男は一歳半でした。

ヨシコさんは二度結婚していて、長男と次男の父親が違います。

虐待の対象になったのは、幼い次男でした。

〈「やっぱりギャーギャー泣く時期、一歳半頃からスタートした。

頭を張り倒し……。

吹っ飛んでも、それがなんか全然気にならないというか、ああまた泣いたわ、くらいにしか思わない自分がいた。

『うるさいあなたが悪い』としか思っていなくて、『だから怒るんよ！』と。〉

〈「とにかくうるさいから黙らせるために叩いてしまい、もう止められなくなっている。

止められなくなってまた叩いて続けてしまう。

自分の手が痛いんですよ、パンパンになって。

叩きすぎて。それで、叩くのをやめるという形だった。」〉

ちなみに彼女は、虐待しているという認識は、「全然なかった」そうです。

しかし、ある日、彼女の行為が原因で、子供が大けがをしてしまった。

〈「（子供を）蹴り飛ばした時にテレビの台の下の角にぶつけてしまった。耳から出血

したので、その後、病院に行ったが、泣き叫んで大変だったので（医者に）〝止めるために蹴りました〟と言った……。」〉

「このままでは子供を殺してしまう」と思った彼女は、児童相談所に相談。

子供は、一時保護されることになりました。

結局、ヨシコさんは、「MY TREE ペアレンツ・プログラム」という「虐待してしまう親のための回復プログラム」に参加。

虐待をやめ、子供を愛せるようになりました。


ところで、ヨシコさんは、なぜ虐待していたのでしょうか？


〈夫は些細な喧嘩で家を空けることも多く、決して育児に協力的とは言えなかったという。

ヨシコさんは、家計を支えるため、看護師として働きながらの、家事や保育園の送り迎え、そして夜勤や残業続きの毎日によって追い詰められていった。

体力的にも精神的にもギリギリの状態。

自分を見失うとともに、〝それ〟は始まった。〉

・育児に協力的でない夫
・家計を支えるため、看護師として働く
・夜勤、残業続きの毎日
・家事や保育園の送り迎え

で、体力的にも精神的にもギリギリの状態。
これ、客観的かつ冷静に考えてみると、「おかしくなるよな」と思えます。
しかし、問題は、「日本には、こういう女性が山ほどいる」という現実。

・育児に協力的でない夫↓長時間労働で、育児に参加できない男性は多い
・家計を支えるため、看護師として働く↓女性の七割は仕事をしている
・夜勤、残業続きの毎日↓長時間残業は普通のこと
・家事や保育園の送り迎え↓これも普通のこと

ヨシコさんは夫への怒りについて語ります。

〈自らが子育てで大変な時に、家を空け、いなくなってしまった夫への恨みというのを投影させてしまったのではと聞かれ、ヨシコさんは答えた。

「その通りです。次男の後ろ姿を見ていて、それに気づいた。」

ヨシコさんは、自ら幼少期に受けた虐待経験と、**心に溜め込んだ夫への怒り**。

それらが虐待衝動の根底にあることに気付いたのだ。〉

これ、「自らが子育てで大変な時に、仕事ばかりし、深夜まで家に帰ってこない夫への恨みというのを投影させてしまった」と言い換えれば、**「ごくごく普通の家庭でも、虐待が起こり得るシチュエーションだ」**とわかるでしょう。

日本の場合、**お父さんが（時にはお母さんも）「はやく家に帰れない社会の仕組みになっていること」が最大の問題**だろうと思います。

## ◉日本人は、どのくらい働いているの？

ところで、日本人は、どのくらい働いているのでしょうか？

他国と比較してみましょう。

「労働時間が短いランキング」（二〇一七年）をみてみます。

一位　ドイツ　一三五六時間
二位　デンマーク　一四〇八時間
三位　ノルウェー　一四一九時間
四位　オランダ　一四三三時間
五位　フランス　一五一四時間
六位　ルクセンブルク　一五一八時間
七位　ベルギー　一五四六時間
八位　スイス　一五七〇時間
九位　スウェーデン　一六〇九時間
一〇位　オーストリア　一六一三時間
一一位　フィンランド　一六二八時間
一二位　スロベニア　一六五五時間
一三位　オーストラリア　一六七六時間
一四位　イギリス　一六八一時間
一五位　スペイン　一六八七時間

一六位　カナダ　一六九五時間
一七位　日本　一七一〇時間

「労働時間短いランキング」で日本は、一七位。
一年の平均労働時間は、一七一〇時間という結果でした。
「一七一〇時間」といわれても、「わけわからん」ですね。
二〇一七年、日本の労働日は二四八日だった。
一七一〇時間を二四八日で割ると、一日の平均労働時間は、六・八九時間となります。

「……ありえない！
俺は、その倍働いているぞ！」

そんな方も多いと思います。
なぜ、平均労働時間がこんなに短いのでしょうか？
慶應義塾大学の山本勲教授が、解説してくださっています。

〈日本人の労働時間は着実に減っていると感じるでしょう。しかし実は、壮年（二〇～四九歳）の**男性正規社員の平均労働時間は、過去三〇年間、ほぼ減っていません。**

一九八六年も二〇一一年も、彼らの**平均労働時間は週五〇時間程度**でした。日本の正規社員は、三〇年前と同様によく働いているのです。〉（「日本の正規社員の平均労働時間は三〇年減っていない」リクルートマネージメントソリューションズ　二〇一七年八月二二日）

「納得できません！」ですね。

「週五〇時間」ということは、一日一〇時間です。

二四八日一〇時間働けば、一年の労働時間は二四八〇時間になってしまう。

「世界一労働時間の長い国」メキシコの労働時間、二二五七時間をかるく超えています。

それでも、「私、普通に一日一〇時間働いていますが……」という人は、多いでしょう。

では、なぜ日本人の平均労働時間は、一七一〇時間？

〈では、なぜ日本人の平均労働時間は減ったのでしょうか。

その理由は簡単で、契約社員・派遣社員・アルバイトなどを中心に**パートタイムで**

働く人が増えたからです。

短く働く人が増えた分、全体の労働時間が減ったのです。

実際、一九八六年のパートタイム雇用者比率は約一五％でしたが、二〇一一年には二五％を超えています。

この三〇年で、フルタイムとパートタイムの「両極化」が進んだ、というのが実態なのです。〉（同上）

そういうことなのですね。

パートタイムで働く人が増えたので、全体の平均労働時間が減った。

確かに、「パートタイムで、二〜三時間仕事をしています」という人は多いでしょう。

日本の正社員の労働時間について、早稲田大学の小倉一哉教授は、以下のように書いておられます。

〈働き盛りの二〇歳代後半から四〇歳代前半の労働者の約二〇％は、週に六〇時間以上働いているという統計もある（総務省「労働力調査」）。

「週に六〇時間以上」というのは、法定労働時間である四〇時間を二〇時間も超えている。

休日出勤をしないとすれば、週五日の毎日を四時間ずつ残業していることになる。

**朝九時出勤、昼の休憩を一時間取ったとすれば、終業時刻の一八時を過ぎて、二二時まで毎日、働いているのである。**

もちろんすべての労働者が残業しているわけではない。

しかし筆者の調査では、正社員の八五％は残業をしている。

つまり、正社員では残業がない人は少数派なのである。〉（「残業ニッポン―労働時間短縮に近道なし」WASEDA ONLINE）

「朝九時出勤」

「毎日二二時まで働いている」

いろいろな人に話を聞くと、実際こういう人は多いようです。

皆さんは、何時まで働いていますか？

## ◉長時間労働に、プラスなし

既述のように、私は、「長時間労働が日本の家庭を破壊している」と考えています。

ところが、「長時間労働」を擁護する人たちもいます。

その人たちは、「長時間労働を是正すれば、日本経済はさらに沈む」などといいます。

この主張、皆さん、どう思いますか？


もちろん、経営者にとって、長時間労働してくれる社員は、「宝」でしょう。

「できれば、もっともっとサービス残業してくれ！」などと考えているかもしれない。

しかし、**「社会全体の豊かさ」という観点から見ると、「長時間労働は、まったく日本経済を救わない」**のです。


個人個人の豊かさは、「一人当たりＧＤＰ」で見ます。

日本は二〇一七年度、**世界二五位**です。

この順位、覚えておいてください。

次に、「日本より労働時間が短い国の一人当たりGDP」をみてみましょう。

| | 年間平均労働時間 | 一人当たりGDP |
| --- | --- | --- |
| ①ドイツ | 一三五六時間 | 一九位 |
| ②デンマーク | 一四〇八時間 | 一〇位 |
| ③ノルウェー | 一四一九時間 | 四位 |
| ④オランダ | 一四三三時間 | 一三位 |
| ⑤フランス | 一五一四時間 | 二三位 |
| ⑥ルクセンブルク | 一五一八時間 | 一位 |
| ⑦ベルギー | 一五四六時間 | 二〇位 |
| ⑧スイス | 一五七〇時間 | 二位 |
| ⑨スウェーデン | 一六〇九時間 | 一二位 |
| ⑩オーストリア | 一六一三時間 | 一五位 |
| ⑪フィンランド | 一六二八時間 | 一七位 |
| ⑫スロベニア | 一六五五時間 | 三九位 |
| ⑬オーストラリア | 一六七六時間 | 一一位 |
| ⑭イギリス | 一六八一時間 | 二四位 |

⑮　スペイン　一六八七時間　　三一位
⑯　カナダ　一六九五時間　　一八位
⑰　日本　一七一〇時間　　二五位

これを見ると、日本より労働時間が短い国で、日本より一人当たりGDPが少ないのは、スロベニアとスペインだけです。

労働時間が短い国トップ10を見ると、**日本より一人当たりGDPが少ない国は、一国もありません。**

つまり、「**今より少ない労働時間で、今より国民が豊かになることは、可能であり、世界には、実例があふれている**」という結論になります。

皆さん、「日本人は、もっと働かなければ豊かにならない」とか「長く働かなければ、日本経済は沈む」といった「**迷信**」にだまされないでください。

そうではなく、むしろ**善良で勤勉な国民を、会社が利用し、こき使っていることが問題な**のです。

そういえば、「まえがき」のこんなデータも思い出してみましょう。

〈日本の時間当たり労働生産性は四六・〇ドルで、ＯＥＣＤ加盟三五カ国中二〇位。

・ＯＥＣＤデータに基づく二〇一六年の日本の時間当たり労働生産性（就業一時間当たり付加価値）は、四六・〇ドル（四六九四円／購買力平価（ＰＰＰ）換算）。米国の三分の二の水準にあたり、順位はＯＥＣＤ加盟三五カ国中二〇位だった。

名目ベースでみると、前年度から一・二％上昇したものの、順位に変動はなかった。

主要先進七カ国でみると、データが取得可能な一九七〇年以降、最下位の状況が続いている。〉

## ◉「働き方改革法」の問題点

ここまでの話、少しまとめておきましょう。

日本では、戦後うまく機能していた「会社教」が崩壊した。

その後新たな価値観が生まれず、漂流している。

それで、私は、「これからは、家族大切主義でいきましょう」と提案しました。ところが、日本では、なかなか家族を大切にできない。

最大の理由は、「長時間労働」だから。

私は、日本政府は、「**家族大切主義に沿った政策**を行っていくべきだ」と思います。

つまり国がすべきなのは、「**日本人が、家族を大切にできる環境づくり**」である。

その大きな第一歩が、「**長時間労働の是正**」であることを、皆さんには、ご理解いただけるでしょう。

「なるほど！！

日本政府も、『家族大切主義』を進めるために、『働き方改革法』を成立させたのですね！」

残念ながら、私はそう思いません。

二〇一八年六月に成立した「働き方改革法」には、大きな問題があります。

高収入の専門職を労働時間規制の対象から外す、いわゆる「高プロ」問題ばかり議論されてきましたが、その前に大問題があります。

この法律は、「高プロ」でない社員でも、「**月一〇〇時間**」**までの残業を認めている**のです。

「月一〇〇時間の残業？？？？」


イメージわきませんね。

たとえば二〇一七年の労働日は二四八日だった。

二四八日を一二カ月で割ると、一カ月の労働日は、月平均二〇・六日となります。

ざっくり二一日としましょう。

政府が認めた一〇〇時間を二一日で割ると、**一日四・七六時間までの残業が**、「**合法**」ということになります。

朝九時に出社して、一時間昼休みをとった。

残業がなければ夕方六時には帰れます。

しかし、「働き方改革法」は、ここから四・七六時間の残業を認めている。

つまり、「**実質、夜の一一時までの残業は合法**」ということになる（厳密にいうと、もう少し少ないですが）。

つまり、政府は、「**一日一三時間労働＝合法**」と決めてしまったのです。

どうですか、皆さん？

私は、心臓が痛くなりました。

ちなみに、皆さん「**過労死ライン**」の話、ご存知ですか？

厚生労働省による「過労死ライン」は、

・**発症前一カ月間の残業が、一〇〇時間**
・**発症前二～六カ月にわたり、一カ月の残業が八〇時間**

こういう状態で病気になれば、「労災」と認められる。

亡くなれば、「過労死」と認められる。

つまり、日本政府の「働き方改革法」は、「**過労死レベルまで働かせることを合法化している**」のです。

これで「**働き方改革**」とは、**泣きたくなります**。

二〇一五年に過労自殺した元電通社員、高橋まつりさんのお母さん幸美さんは、無意味な「働き方改革」を嘆きます。

〈娘に報告できる内容ではなかった……。

働き方改革関連法が成立した瞬間、母親は国会の傍聴席にいた。

広告大手「電通」の社員で二〇一五年末に過労自殺した高橋まつりさん（当時二四歳）の母幸美（ゆきみ）さん（五五）。

「過労死の悲劇を二度と繰り返さない」などと繰り返してきた安倍晋三首相の言葉をむなしく感じている。〉（「毎日新聞」二〇一八年七月一九日付）

〈遺族らは黒い服を着て、遺影を手に参院本会議を傍聴。討論や採決を厳しい表情で見詰めた。

広告大手・電通の新入社員で過労自殺した高橋まつりさんの母幸美さん（五五）も国会審議を初めて傍聴し、成立するとハンカチで悔し涙を拭った。

遺族らは、成立後に参院議員会館内で記者会見。幸美さんは「法は過労死防止と矛盾する内容。遺族として絶対納得できない」と語気を強めた。

成立時には心の中でまつりさんに「これがあなたを追い詰めた日本の姿だよ。多数決の力で法案が通ってしまい、とても残念」と語り掛けたという。〉（時事ドットコム二〇一八年六月二九日）

## ◉「真の働き方改革」は、「ドイツ式」で

というわけで、日本政府の「働き方改革法」は、まったく長時間労働を是正しない。それどころか、**「過労死レベルまで働かせることを合法化している」**こと、ご理解いただけたでしょう。

では、どうすればいいのでしょうか？

ところで皆さん、二〇一七年度版「労働時間短いランキング」を見て、何か気がつきませんでしたか？

「労働時間が一番短い国」を思い出してください。

一位はドイツで、年間平均労働時間は、一三五六時間でした。

日本は、一七一〇時間ですので、なんと年間三五四時間も少ない！

これ、私は、本当に驚きました。

いろいろな国の人に、「世界一勤勉な国はどこですか？」と聞くと、たいてい「日本かドイツ」という答えが返ってくる。

ところが、驚くべきことにドイツの労働時間は、世界一短いのです。


ちなみに、その他の指標も、少し比較してみましょう。

GDP成長率（二〇〇八〜二〇一七年平均）、日本〇・五四％、ドイツ一・二％。

一人当たりGDP、日本は世界二五位、ドイツは一九位。

労働生産性、日本OECD中二〇位、ドイツ八位。


こうみると、ドイツは、「世界一労働時間が短い国」でありながら、日本より高いパフォーマンスを実現していることがわかります。

なぜこのようなことを書くかというと、もちろん「労働時間を減らせば、日本経済は沈む！」という迷信を主張する人がいるからです。


では、どうしてドイツは、こんなに労働時間が短いのでしょうか？

ドイツ在住二八年のジャーナリスト、熊谷徹先生の記事が参考になります。

「なぜドイツの労働時間は短いのか」（「ドイツニュースダイジェスト」「独断時評」二〇一八年八月一〇日）。

〈なぜドイツの労働時間は短いのだろうか。

その最大の理由は、政府が法律によって労働時間を厳しく規制し、違反がないかどうか監視していることだ。〉

嗚呼《ああ》。「過労死レベルまで働かせることを合法化している」日本政府とは、正反対ですね。


〈企業で働く社員の労働時間は、一九九四年に施行された「労働時間法（ArbZG）」によって規制されている。

この法律によると、平日（月～土）一日当たりの労働時間は八時間を超えてはならない。

一日当たりの労働時間は、最長一〇時間まで延長することができるが、その場合にも六カ月間の一日当たりの平均労働時間は八時間を超えてはならない（ただし経営者と社員が特別の雇用協定を結ぶことは許されているほか、緊急事態の例外は認められている）。

つまりドイツの企業では、一日当たり一〇時間を超える労働は、原則として禁止されているのだ。〉

具体的な話がでてきました。

**・一日当たりの労働時間は八時間**
**・最長一〇時間まで延長できる**
**・六カ月の一日当たりの平均労働時間は、八時間を超えてはならない**

「……日本だって、労働基準法にはきれいごとが並んでいるが、それを守っている経営者は、ほとんどいない」

こんな風に思う人もいるでしょう。

「法律はあっても守らない」件はどうなのでしょうか？

〈読者の皆さんは「日本でも労働基準法の第三二条によって、一週間の労働時間の上限は四〇時間、一日八時間と決まっている」と考えるかもしれない。

だが日独の労働時間規制の間には、大きな違いがある。それは、ドイツでは**労働安全局**（日本の労働基準監督署に相当する）が立ち入り検査を行って、**企業が労働時間法に違反していないかどうか厳しくチェックを行っているということだ。**

労働安全局の係官は時折、事前の予告なしに企業を訪れて、労働時間の記録を点検する。

労働安全局が検査をした結果、企業が組織的に毎日一〇時間以上の労働を社員に強いていたり、週末に働かせていたことが発覚すると、経営者は最高一万五〇〇〇ユーロ（二一〇万円）の罰金を科される。

悪質なケースでは、経営者が最高一年間の禁固刑を科されることもある。〉

**「経営者が最高一年間の禁固刑」**

**これは、強烈ですね。**

経営者は、「ブタ箱暮らしは嫌だ！」と思い、長時間労働をやめることでしょう。

〈企業が社員に長時間労働を課さないもう一つの理由は、企業イメージを守るためだ。メディアが「組織的に長時間労働を行わせて、労働時間法に違反していた」という事実を報じると、企業のイメージに深い傷がつく。

現在ドイツでは優秀な人材が不足しているので、そのような報道が行われると、「あそこは長時間労働をさせる企業だ」と思われて、優秀な人材に敬遠されることになる。これは企業にとって大きなマイナスである。

このため**ドイツの雇用者、特に大企業の管理職は、一日の労働時間が一〇時間を超**

えないように、口を酸っぱくして注意する。〉

日本でも「ブラック企業大賞」のおかげで、経営者は、「ブラック企業に認定されないよう、労働環境をよくしよう」と考えはじめました。

ドイツでは、さらに強力な措置が取られている。

というわけで、ドイツの「働き方改革法」をまとめると、

**・一日当たりの労働時間は八時間**
**・最長一〇時間まで延長できる**
**・六カ月の一日当たりの平均労働時間は、八時間を超えてはならない**

となります。これを実現するために、

**・労働基準監督署が厳しくチェックする。抜き打ちチェックも行う**
**・違反した企業には、多額の罰金**
**・ひどい企業の経営者は、逮捕する**
**・違反した企業名は、大々的に公表する**

**これぞホントの「働き方改革」。**

私は、**「ドイツ型働き方改革」を、日本にも導入すべきだと考えます。**

しかし、いきなりやると、パニックになるでしょう。

ですから、「施行は、法案成立から三年後」と決めればいい。

そうすれば、各企業に、改革の時間が与えられます。

繰り返しますが、「長時間労働でなければ成り立たない」というのは、完全な「迷信」です。

既述のように、「世界で労働時間がもっとも短い国一〇国」は、軒並み日本より一人当たりGDPも労働生産性も高い。

日本企業にできないはずがないのです。

## ◉「二〇二〇年度に残業をゼロに！」日本電産の挑戦

既述のように「働き方改革法」は、ひどい内容でした。

しかし、よかったこともあります。

それは、政府が「大騒ぎ」してくれたおかげで、日本の経営者が、「残業減らさんとダメだな」と思いはじめた。

実際、いろいろな人から、「上司が、『残業しないでサッサと帰れ！』というようになった」という報告を受けています。

日本生命保険の調査によると、二〇一七年八月時点で、全企業の六四％、大企業の八八％が、「労働時間の短縮」に取り組んでいる。

まことに喜ばしいことです。

日本企業も、改革に取り組むようになってきました。

ここでは、日本電産のケースを取り上げてみましょう。

非常に有名な会社ですので、皆さんご存知と思いますが、簡単な紹介から。

日本電産は、一九七三年創業。

本社は、京都にあります。

精密小型モーターで、世界一のシェアを誇ります。

二〇一八年三月期の売上高は約一兆四八八一億円。

カリスマ創業者・経営者、永守重信さんに率いられ、急成長をつづけてきました。

永守さんはかつて、「元日以外仕事は休まない！」と公言していた。

ところが二〇一六年一〇月、「二〇二〇年までに残業をゼロにする！」と宣言。

真剣な改革が進められています。


たとえば、日本電産の子会社・日本電産トーソクでは、社内会議の開催回数が、年七一六回から四四〇回に減らされた。

結果、月の会議時間は、五三三時間から二四〇時間になった。

日本電産コパル中国・平湖《へいこ》工場の合成樹脂部門では、新型ロボット導入により作業を効率化。

この部門の社員数を一七二人から八四人まで減らした。

結果、人員は半減しても、売上高は変わらず、生産性は倍になった。

二〇一八年三月、松尾智延・日本電産常務顧問が、日本電産テクノモータの福岡県飯塚工場の生産改善指導を行った。

その結果、平均残業時間が月三一時間から二〇時間まで激減した。

日本電産は、「二〇二〇年に残業ゼロ」という目標を達成するために、なんと一〇〇〇億円を投じるそうです。

永守さんは、なぜこんな大金を使ってまで、「働き方改革」に取り組むのでしょうか？『日経ビジネス』（二〇一八年四月二日通巻一九三五号）に掲載されたインタビューをみてみましょう。

「何が働き方改革に取り組むきっかけだったのでしょうか」という質問に、永守さんは、答えます。

〈「欧米の企業は残業しないし、休暇も全部取る。そのわりに業績は悪くない。いったいいつ働いて、どうしているのかと不思議でした。一応ものの本なんかで知っていましたが、実際に欧米の企業を買収するようになって、『なるほど、こういうメカニズムなのか』と分かってきた」〉

**「欧米の企業は残業しないし、休暇も全部取る。そのわりに業績は悪くない」**という疑問から改革がスタートしたのですね。

日本には、いまだに「長く働くのはいいことだ!」という経営者もいますが、永守さんはいいます。

〈「長い時間働くのとどちらがいいかと言ったら、短い時間働いて同じ業績を上げる方がいいに決まっています。〉(同前)

私も、そう思います。

皆さんは、どう思いますか?

〈『日本のやり方が間違っているんじゃないか』と思い始めたんです。先進国になってからも、長時間働いているということはちょっとやっぱりおかしいね、と。

この運動は「おかしい」から始まったんです。〉(同前)

**「この運動は『おかしい』から始まった」**

この部分非常に重要ですね。

日本では、業績がずっと悪いにもかかわらず、「日本のやり方は、間違っていない」「日本流、俺流を貫く」という経営者がたくさんいます。

しかし、それで迷惑するのは、家族を犠牲にして、長時間低賃金労働を強いられる社員です。

永守さんは、日本企業最大の問題について、こう語ります。

〈欧米企業と比べるうちに、生産性が低いということが分かったんです。時間軸が速い遅いじゃなく、生産性が低いんやと」〉（同前）

では、なぜ生産性が低いのでしょうか？

永守さんは、断言します。

〈日本はむだな仕事がいっぱいあるんですよ。〉（同前）

現代日本を代表する経営者である日本電産・永守CEOが、「真の働き方改革」の旗振り役をされている。

これは、日本にとって、本当に喜ばしいことです。

## ◉「変わらない」のが日本の伝統ではない

日本には、「日本式が一番いい」と考える人がたくさんいます。

もちろん、「日本式がいい」こともたくさんあるでしょう。

たとえば、外国人が日本に来ると、サービスの細やかさ、人々のやさしさに驚愕《きょうがく》します。

しかし、**「長時間労働」は、「守るべき日本の伝統文化」ではありません。**

それは、一九五〇〜一九九〇年までは確かに役にたっていたかもしれない。

今は役割を終え、日本が世界に尊敬される国家でありつづけたければ、捨て去るべきものです。

いつの時代にも、「変わりたい派」と「変わりたくない派」がいます。

「変わりたくない派」の人たちは、「変わると日本人が日本人ではなくなる」と恐れるのです。

しかし、日本は、実際新しいものを受け入れてきました。

日本は、仏教や儒教を受け入れた。

神道のトップであるはずの天皇が、仏教を受け入れた。


そして、明治維新では、明治天皇自らが、欧米流の政治制度受け入れを主導されました。

私が強調したいのは、日本は諸外国から、いろいろなものを取り入れ、変化してきましたが、依然として**「日本人は、日本人だった」**ということです。


「過労死」「過労自殺」が出るような働き方を、「日本式」と美化するのは、バカげています。

そして、「長時間労働をやめれば、日本人が日本人ではなくなる」というのも迷信ですね。

日本は、「明治維新」と「敗戦」で大きく変わりました。


そして今また、**「大変革の時代」**を迎えているのです。

日本人が、**より幸せであるために。**

## ◉「真の働き方改革」で何が変わる？

日本で「ドイツ式働き方改革」が実行されると、何が変わるのでしょうか？

はっきりしているのは、**「自由な時間が増える」**ということ。
毎日夜九時まで働いていた人は、一日三時間自由時間が増えます。
毎日一〇時まで働いていた人は、一日四時間自由時間が増えます。

睡眠不足だった人は、寝る時間が増えて幸せでしょう。
働きすぎて病気になる人、いわゆる「労災」は、激減するでしょう。
過労死、過労自殺する人は、いなくなるでしょう。

独身の若者は、増えた自由時間をどう使うでしょうか？
はっきりわかりません。
漫画を読んだり、アニメを見たりして過ごすかもしれません。

「もっとお金が必要だな」という人は、副業をはじめるかもしれません（ネットのおかげで、副業で月数万円稼ぐことは、難しくなくなっています。副業収入が本業を超えてしまい、独立するケースもあります）。

彼女、彼氏と平日に会うことも可能になりますね。

「そろそろ結婚したいな」と思った人は、婚活サイト、婚活パーティー、合コンなどに参加して、相手を探すかもしれません。

「時間がなくて相手が見つけられない！」と嘆く人は、いなくなるでしょう。

結婚して、子供がいない夫婦はどうでしょうか？

だいたい結婚したばかりの夫婦は、ラブラブでしょう？

ところが、ダンナさんが遅くに帰ってくる、あるいは二人とも遅くに帰ってくるので、なかなか話す時間がない。

それで、時と共に関係が冷めていく。

二人とも早く家に帰ってくれれば、一緒に食事したり、テレビ見たり、散歩したりできるでしょう。

会社であったこと、これからのプランなど、いろいろ話し合うことができます。

子供がいる夫婦はどうでしょうか？

ダンナさんが働き、奥さんが専業主婦の場合。

ダンナさんは、早く帰ってきて育児を手伝うことができるようになります。

帰りにスーパーに寄って、必要なものを買う。

家に戻ってきたら、「俺、みとくから、ゆっくり風呂入ってくれば？」といえる。

夕方、親子みんなで散歩することもできるかもしれません。

労働時間が短くなることで、お父さんにもお母さんにも、心の余裕が生まれます。


共働きの家庭でも同じですね。

赤ちゃん、子供と接する時間が増えることは、両親にとっても、子供にとっても幸せなことです。

やってみなければわかりませんが、時間の余裕が心の余裕を作り出し、幼児虐待も減るのではないでしょうか。


熟年夫婦はどうでしょうか？

今までは、ダンナさんが働きすぎで、奥さんとコミュニケーションをとる時間がなかった。

それで、子育てが終わった後、奥さんから突然「別れてください！」と切り出され、卒倒した。

労働時間が短くなれば、ダンナさん、奥さんは、話し合う時間がたっぷりあります。

子育てでも、その他いろいろな場面でも協力し合い、二人三脚で進んでいけるようになる。

もちろん、それでも、離婚する人はいるでしょう。

実際、労働時間が短い欧州でも、離婚率は高い。

ですから、「長時間労働を是正すれば、離婚率が減る」とはいえません。

しかし、結婚後二〇年以上経ち、それでもお互い理解できず、「離婚を切り出されて仰天した」というケースは減るでしょう。

「長時間労働是正」で、人々は自由な時間を得ます。

その時間は、子育てや家族のために使われ、お父さん、お母さん、子供たちの絆を強めます。

人々は、すでに役割を終えた「会社教」から、**「家族大切主義」**に移っていく。

自由な時間は、人々の心に余裕を与え、余裕は幸せと善良さを増やします。

「真の働き方改革」で日本人の幸福度（現在世界五四位）は、ずいぶんアップするに違いありません。

# 第三章

# 地方を復活させる秘策

## ◉五〇歳以下は町内に一人

「お！　若いのが来たな！」

近所のおじいさんが、うれしそうにいいました。

二〇一六年の夏に帰省した時のこと。

八〇歳を超えた父は、暑さにへばったのか、寝込んでいました。

その日の早朝、母親が私にいいました。

「お父さん調子悪いから、町内の川掃除に出てくれない？」

私は一九歳から、故郷に長居したことがありません。

それで、「町内の川掃除」という言葉が、とても新鮮に響きました。

長靴をはき、わくわくしながら近所の川に向かいます。

私が到着すると、近所のおじいさんが、うれしそうに、

**「お！　若いのが来たな！」**

といいました。

ちなみに、私は**当時四五歳**。

別のおじいさんがいいます。

「町内に**五〇歳以下は、一人しかいないんでね**」

私は、仰天しました。

後で母親に聞いてみると、確かに五〇歳以下は、一人しかいない。

小学生の女の子です。

私は、川掃除を楽しんだのですが、家に戻ってきた後、子供時代を思い出し、なんとも悲しい気持ちになりました。

私が小学生だったのは、一九七六～一九八二年です。

近所には、ウジャウジャ子供がいた。

それが今では、町内に小学生が一人、五〇歳以下が一人……。

私と一緒に小学校に通っていた子供たちは、どこに行ったのだろう……。

ちなみに松本市は、国宝松本城で知られる、長野県第二の都市です。

草間彌生《くさまやよい》さん、池上彰さんなどの出身地としても知られている。

世界的に有名な「才能教育研究会」（スズキ・メソッド）の本部があり、外国人もたくさんいます。

そんな松本でも、「五〇歳以下は、町内に一人」といった現状……。

私は、「他の地方都市は、もっとひどいことになっているのではないか？」と心配になりました。

## ◉二つの大問題

日本のテレビを見ると、ほとんどが祖国の未来について悲観的ですね。

主な理由は、**少子化で人口が激減していくこと。**

日本の人口は、二〇〇八年がピークだった。

二〇一〇年の人口は、一億二八〇五万人。

「国立社会保障・人口問題研究所」の予測では、**二〇五〇年には九七〇八万人、二一〇〇年には四九五九万人まで減る。**

もう一つの問題は、**「地方の人口が減り、東京圏の人口が増えつづけている」**こと。
こちらの記事を熟読してください。

〈**総人口、九年連続減少＝生産年齢層は六割切る─総務省**（「時事通信」七月一一日一七：〇六配信）
総務省が一一日公表した住民基本台帳に基づく二〇一八年一月一日現在の日本人の総人口は、前年同期比〇・三〇％（三七万四〇五五人）減の一億二五二〇万九六〇三人で、**九年連続の減少となった。**〉

**人口は、九年連続で減っていますが、増えている場所もあります。**

〈都道府県別で見ると、人口が増えたのは**東京圏の一都三県と愛知、沖縄両県の六都県のみ**で、増加率は東京（〇・五五％）、沖縄（〇・二〇％）、埼玉（〇・〇六％）の順で高かった。
逆に減少率が高かったのは秋田（一・三九％）、青森（一・一九％）、山形（一・〇七％）の順で、東北地方で減少が目立った。

市町村別では、全国一七四七団体中一四六九団体で人口が減った。〉

**人口が増えたのは**、**東京圏**（**東京都**、**埼玉県**、**千葉県**、**神奈川県**）**と愛知県**、**沖縄県のみ**。後は、軒並み減っている。

地方は、「**少子化**」**と**「**人の流失**」という二つの問題を抱えています。

ベストセラー『地方消滅～東京一極集中が招く人口急減』（増田寛也　中公新書）によると、**全国八九六の地方自治体が**、「**消滅可能都市**」。

つまり、全国の自治体の約半分は、消えてしまう可能性がある。

どうすればいいのでしょうか？

もちろん、**出生率を増やすこと**。

しかし、生まれた子供が成長し、皆東京圏に引っ越してしまっては意味がありません。

つまり出生率を上げると同時に、「**地方に人が残る方法**」「**東京圏から人が地方に移ってくる方法**」を考える必要がある。

そんなことが可能なのでしょうか？

大変難しい問題であることは、間違いありません。

ＮＨＫスペシャル取材班によるベストセラー『縮小ニッポンの衝撃』（講談社現代新書）の最後には、こうあります。

〈私たちもまた、東京、夕張、島根で取材してきた映像を編集しながら、日本が再生するための方策がないか、考え抜いた。

しかし、無責任に聞こえるかもしれないが、**「これが処方箋です」と勧められるような策は見当たらず、その提示を諦めざるを得なかった。**〉（一九五ｐ）

もう一度整理します。

問題は、二つです。

一つは、**出生率が低いこと。**

二つ目は、**地方から東京圏に、人が移動していくこと。**

ここでは、二つ目の問題について考えます（一つ目については、後述）。

## ◉幸せな地方

皆さん、「世界一すばらしい国は、どの国ですか？」と聞かれたら、なんと答えますか？

私は、「日本です」と答えます。

私は、世界中の国を全部見たわけではありません。

しかし、日本で生まれ育ったので、そういいます。


これが、カンボジア人に聞けば、「カンボジアです」と答えるし、ポーランド人に聞けば、「もちろんポーランドさ！」といいます。

それが自然ですね。


ちなみに、誰かが「日本で一番すばらしい都道府県は？」と聞けば、私は「長野県です」と答えるでしょう。

私は、全国の都道府県を全部見たわけではありません。

それでも、長野県で生まれ育ったので、そう答えます。

これが、沖縄の人に聞けば、「もちろん沖縄さ！」と答えるし、東京の人に聞けば、「東京です」と答えるでしょう。

私は、故郷に戻ると幸せです。

まず、空気と水がきれい。

どの方角をみても山が見える。

自動車が少ないので、子供たちは、安心して遊ぶことができる。

人々は、おっとりしていて、どこにも急いでいないように見える。

そして、近所には、昔から知っている善良な人ばかりが住んでいる。

私は、一九歳でモスクワに留学し、そのまま二八年も過ごしてしまった自分自身のことを棚に上げて考えます。

「なぜ人々は、このすばらしい土地を捨てて、東京圏に出ていくのだろう？」

## ◉人移動の法則

人は、どうして別の場所に移動するのでしょうか？

「そりゃあ、上司から命令されたからだよ」


そんな人は、多いことでしょう。

しかし、もう少し、グローバルに考えてみましょう。


地球規模でみると、世界の人が目指すのは、アメリカです。

優秀なインド人やロシア人のプログラマーは、シリコンバレーを目指す。

中国人でも韓国人でも、優秀な人は、アメリカに留学したがる。

日本では、「子供が東大に入った」だけでもすごいこと。

「ハーバードに入った」「スタンフォードに入った」となれば、それだけで、「どうやったのか、その方法を本に書いてください」とオファーが来るでしょう。

特に優秀でない人も、アメリカを目指します。

あまりにも移民が多すぎて、白人は少数派に転落しそうな勢い。

それで、トランプさんが、「アメリカとメキシコの国境に万里の長城をつくる！」（つまり移民受入れを制限する）といえば、拍手喝采され、大統領になることもできる。

別の地域にも目を向けてみましょう。

北アフリカ、中東、東欧、ロシアの人たちは、西欧を目指します。

ロシアで成功した人たちは、なぜかロンドンに引っ越したがる。

普通の優秀な人たちは、ドイツに向かいます。

私が住んでいる間、知り合いが「ドイツに引っ越した」「イギリスに引っ越した」「スペインに引っ越した」「スイスに引っ越した」という話を、しばしば耳にしました。

これが、「旧ソ連諸国」になると、話は変わります。

豊かとはいえないロシアですが、旧ソ連諸国の中では、マシな方（ロシアは、世界有数の石油・ガス大国なので）。

特に、首都モスクワは豊かです。

それで、中央アジア、コーカサスからの移民がうじゃうじゃいて、町にあふれています。

道路の掃除をしている人、建設現場で働いている人のほとんどは中央アジア人（ウズベキスタン人、キルギス人など）。

スーパーの店員さんも、大部分そうです。

タクシーの運転手は、中央アジア人に加え、アルメニア、アゼルバイジャン、グルジア、ウクライナ人などが多い。


なぜ人は、故郷以外の土地に移動するのでしょうか？

もちろん、いろいろな理由があります。

はっきりしているのは、人々は、**「仕事を求めて移動する」**ということ。


そういえば、安倍内閣は、深刻な人手不足を解決するために、外国人労働者を大量に受け入れる方向に舵を切りました。

すると、アジアの国々から人が押し寄せてきた。

厚生労働省の発表によると、二〇一七年末時点で、日本で働く外国人は一二七万八六七〇人。

二〇一六年一〇月末からたった一年で、なんと一八％も増加しています。

地方から東京圏への移住もそうですね。

**主な理由は、「仕事を求めて」移動する**のです。

『地方消滅』によると、地方圏から大都市圏に、人が大量移動した時期が、過去に三回あったそうです。

第一期は、一九六〇～七〇年代前半の高度成長期。
第二期は、一九八〇～九三年のバブル経済期とその前後。
第三期は、二〇〇〇年から現在まで。

いずれも、人々は、「仕事を求めて」移動した。

ということは、「**地方に仕事があれば、人々は地方にとどまるのではないか？**」、あるいは「**都会から地方に移るのではないか？**」と仮定できそうです。

そういえば、「アベノミクス」で、日本の失業率は低下しました。

安倍さんが総理になった二〇一二年、失業率は四・三三%だった。

二〇一七年には、二・八八%まで下がっている。

既述のように「人手不足」が深刻になっています。

それで、地方でも就職に困ることはないでしょう。

そのせいか、最近は、「田舎に住みたい」とか、「田舎に引っ越した」という話を、しばしば聞くようになりました。

今後、「都会から地方へ」に、流れが変わっていくかもしれません。

しかし、統計をみると、「東京圏への一極集中がつづいている」現状ではあります。

## ◉企業移動の法則

では、どうすれば地方に仕事をつくることができるのでしょうか?

仕事をつくるのは、企業です。

企業は、「仕事をつくり出す」側。

仕事を探して移動する人々とは、別の動きをします。

たとえば、企業は、「安い人件費」を求めて移動します。

わかりやすい例は、日本企業が、大挙して中国に進出したことでしょう。既述のように、中国の人件費は二〇〇〇年時点で、日本の四〇分の一。日本の経営者たちは、この魅力にひかれ、共産党の一党独裁体制であることも気にせず、中国に移っていきました。

ちなみに、二〇一三年頃になると、中国の人件費は高くなり、日本企業はインドネシア、ベトナムなど東南アジアへの進出を加速させました。

もう一つ、企業は、「安い税金にひかれて」移動することがあります。

皆さん、「タックスヘイブン」とか「オフショア」という言葉を聞いたことがあるでしょう。要は、税金がとても安かったり、無税だったりする国、地域のこと。

日本では、「マネーロンダリング」（資金洗浄）と関連づけて話されることが多く、ネガティブなイメージですね。

しかし、「オフショア」「タックスヘイブン」は、一応「合法」なのです。

日本と比べると、ロシアでは、オフショアの利用が一般的です。

私は二〇〇〇年代の初めから半ばにかけて、しばらくロシア投資コンリル会社をやっていました。

日本企業とロシア企業を結びつけるのですが、しばしば「オフショア」が問題になっていた。

ロシア企業は、日本企業に、「税金を安くするため、オフショアに合弁企業をつくりましょう」とオファーします。

ロシア側からすると普通の話なのですが、日本企業は、「うわ！　この会社怪しい！」とひいてしまいます。


これに関連して、皆さん「パナマ文書」の話を聞いたことがあるでしょう。

パナマの法律事務所「モサック・フォンセカ」から流出した、「タックスヘイブン利用者リスト」のことです。

二一万以上の、個人・法人情報が記されていた。

「パナマ文書」の影響で、アイスランドのグンロイグソン首相、パキスタンのシャリフ首相は辞任に追いこまれました。

他にもウクライナのポロシェンコ大統領、サウジアラビアのサルマン国王、プーチン大統領の友人たち、習近平の義兄、イギリス・キャメロン首相の父、アゼルバイジャン・アリエフ大統領の子供たち、カザフスタン・ナザルバエフ大統領の孫、サッカーのメッシ、ジャッキー・チェンなどの名前が、文書にあった。

モサック・フォンセカは、ＨＳＢＣ、クレディ・スイス、ＵＢＳなど、世界を代表する金融機関からの依頼で、一万五六〇〇以上の「オフショア企業」をつくっていたそうです。日本企業では、セコム、ソフトバンクのグループ会社、丸紅、伊藤忠、電通などの名前があがっていた。

こうみると、「税金を安くするためにオフショアを利用することは、超富裕層の『常識』」であることがわかります。

私は、「オフショアがどうの」という話をしているのではありません。「企業は、税金の安いところに移動する」という話をしています。

## ◉法人税は、国内一律でなくてもいい

日本の法人税は、全国一律ですね。

しかし、そうでない国もあります。

たとえば、ケイマン諸島、ヴァージン諸島は、イギリス領ですが、税金が極めて安いタッ

クスヘイブンとして知られています。

アメリカで連邦法人税は全国一律ですが、州法人税は州ごとで違います。

「パナマ文書」が流行《はや》っていた頃、「ニューズウィーク」に「世界最悪のタックスヘイブンはアメリカにある」（筆者ルーシー・クラーク・ビリングス）という記事が出ていました。

〈ホワイトハウスからたった一六〇キロのところに、れっきとしたアメリカのタックスヘイブンがある。

デラウェア州だ。

米東部のこの小さな州には、人間よりも多くの企業（公開・非公開）が存在している。

最新の集計では、人口八九万七九三四人に対し企業数は九四万五三二六社だ。

デラウェアは、株主の権利保護を主眼に法律を整備し、巨大で複雑な公開会社を呼び込んでいる。〉

私は、何をいいたいのか？

第一に、**法人税は、全国一律でなくてもいい。**

第二に、**法人税が安いと、企業がやってくる。**

デラウェア州について、筆者のビリングスさんは書いています。

〈法人を引き寄せて他州の税収を吸い取ってしまうブラックホールのような州があった。〉(同前)

## ◉人口減少県の法人税を下げろ！

私は今、「東京圏から地方に人が移住したくなる方策」について話しています。

私がいいたいのは、**「人口減少が深刻な県の法人税を大幅に下げれば、東京圏から企業がやってくる」**。

そうすれば、**その県に雇用が生まれ、人が集まってくる。**

結果、**人口減少県の人口が増加に転じるのではないかと。**

もう少し具体的に考えてみましょう。

日本では現在、東京都、神奈川県、千葉県、埼玉県、愛知県、沖縄県以外のすべての県で人口が減っています。

となると、人口が増えている県の法人税率は、据え置きでしょう。

二〇一五年の国勢調査の人口と、二〇一八年の推計人口の差をみてみます。

すると、「人口減少がひどい県」がわかります。

秋田県　マイナス三・七二％
青森県　マイナス三・一六％
高知県　マイナス二・七六％
山形県　マイナス二・七三％
和歌山県　マイナス二・六四％
長崎県　マイナス二・五八％
福島県　マイナス二・四五％

この七県は、「人口減少のスピードが速い県」と位置づけられるでしょう。

ですから、この七県については、**「法人税をゼロにする」**ことを提案します。

条件は、

一、元からこれらの県にある企業の法人税はゼロ
二、東京圏から引っ越してきた企業の法人税はゼロ

この政策の目的は、「人口が増えている東京圏から、人口減少県に人を移動させること」にあります。

二番目はなんででしょうか？

宮城県の人口は、二〇一五～一八年、〇・七八％減少しました。

秋田県と比べるとマシですが、それでも減っています。

その秋田県では、法人税がゼロになった。

すると、宮城県から秋田県に引っ越す企業が大挙し、今度は「宮城県の人口が激減した」ということになりかねない。

ですから、会社の移動は、「東京圏から」に限る必要があります。

三、外国で生産していた拠点を、人口減少七県に移した場合は、法人税ゼロ
四、一定数の雇用が条件

四はなんででしょうか？

「本社は、法人税ゼロ県においているが、ゼロ県では誰も雇っていないし、実際の業務は全部東京で行っている」といったケースをなくすためです。

日本の法人税は、二〇一八年から二三・二％まで引き下げられました。

七県で法人税がゼロになると、企業は二三・二％倹約することができる。

これは、とても大きいですね。

当然、「法人税ゼロ県に引っ越そう」という東京圏の会社がたくさん出てくることでしょう。

会社がやってくれば、雇用が生まれます。

仕事のある場所には、人が集まってきます。

結果、これらの県の人口は、増加に転じるのではないでしょうか？

そして、「法人税ゼロ県」の存在は、外国に生産拠点を移していた日本企業の帰還にもつながることでしょう。

既述のように、日本企業は、一九九〇～二〇〇〇年代、争うように中国に進出していきました。

しかし、中国の人件費は、すでに高くなり、日本企業は、東南アジアへの進出を加速させている。

国益を考えれば、日本企業が中国や東南アジアで生産するよりも、国内で生産した方がいいに決まっています。

その企業は、日本人に給料を払う。

従業員は、所得税を日本で納め、企業は、日本で法人税を払うのですから。

ちなみに、二〇一五～一八年で、人口が二％以上減少している県は、他にもあります。

山口県　マイナス二・四％
徳島県　マイナス二・三五％
新潟県　マイナス二・三％
愛媛県　マイナス二・二％
鳥取県　マイナス二・一一％
宮崎県　マイナス二・〇五％
島根県　マイナス二・〇三％

これらの県も、ずいぶん深刻ですね。

私は、これらの県の法人税は、現在の半分の一一・六%ぐらいまで引き下げられるべきだと思います。

そして、その他の県（東京圏、愛知、沖縄以外）も、人口が減っている。

ですから、「東京圏に引っ越そう」という欲望がなくなる程度に減税する必要があるでしょう。

二三・二%マイナス五%で、一八・二%でどうでしょうか。


これらの数字は、私が考えたもので、もちろん「絶対的」ではありません。

重要なのは、「方向性」。

いいたいことの本質は、

**・人口減少県の法人税を大幅に下げる**
**・すると、企業が集まってきて、仕事が生まれる**
**・仕事があると、人が集まってくる**
**・結果、人口減少県の人口が、増加に転じる**

です。

## ◉企業が地方に移転すると、出生率が上がる

ちなみに、日本を救うために、地方への回帰を進めている会社があります。
建設機械日本最大手、世界二位のコマツ（小松製作所）です。
コマツは、

・創業地である石川県に回帰している
・工場を地方に分散している

コマツの工場は、

・粟津工場（石川県小松市）
・金沢工場（石川県金沢市）
・大阪工場（大阪府枚方《ひらかた》市）
・六甲工場（兵庫県神戸市）

・茨城工場（茨城県ひたちなか市）
・小山工場（栃木県小山市）
・栃木工場（栃木県小山市）
・郡山工場（福島県郡山市）
・湘南工場（神奈川県平塚市）

なぜ、本社機能や工場を地方に分散しているのでしょうか？

経済評論家の中原圭介先生は、コマツの坂根元CEO（現特別顧問）にお会いした時に尋ねたそうです。

〈坂根氏は「なぜ地方を重視するのか」という問いに対して、「その本質的な動機は、**この国の深刻な少子化問題を解決したいという思いにある**」と明かしています。〉（中原圭介『日本の国難――二〇二〇年からの賃金・雇用・企業』一九二p）

地方移転の理由は、**「深刻な少子化問題を解決したい」から**だと。
すばらしいですね。

〈コマツは一九五〇年代に石川から東京に本社を移し、工場も輸出に有利な関東・関西に移していますが、多くの地方企業がそういう歴史をたどったことによって、東京への過度な一極集中とそれに伴う少子化を加速させてきたという事実を直視し改めなければならないというのです。〉（同前）

ところで、「少子化問題を解決したい！」という坂根さんの願いは、かなったのでしょうか？

三〇歳以上の女性社員のデータを見ると、東京本社の結婚率が五〇％。**石川は八〇％。**

結婚した女性社員の子供の数は、東京〇・九人。

**石川は一・九人。**

結局**子供の数に三・四倍の開きが出ている。**

（東京〇・五×〇・九＝〇・四五

石川〇・八×一・九＝一・五二）

〈坂根氏は地方回帰を進めてきた効果について、「女性従業員の出生率が飛躍的に上が

った」だけでなく、「従業員の生活が豊かになった」「退職者の健康寿命が延びた」〉（同前一九三p）

と語っています。

そんな坂根さんには、願いがあります。

〈「地方出身企業であるコマツが率先して地方への回帰で成功を収めれば、**いずれは他の大企業も次々と回帰の道をたどってくれるのではないか**」という期待を述べています。〉（同前）

他の大企業も地方に回帰して、結果、少子化問題が解決に向かうことを願っていると。

そんな坂根さんの話を聞いた中原先生は、

〈コマツは国家の将来を憂い、強い使命感を持って経営にあたっているということなのです。〉（同前）

**「未婚解消」「少子化問題解決」に大きな効果がある、企業の「地方移転」。**

国は、「**地方の法人税大幅引き下げ**」によって、どんどん後押ししていただきたいと思います。

## ◉国のグローバル化は、人・企業のグローバル化と違う

皆さん、「グローバル化」という言葉を聞いて、何を想像しますか？

一番わかりやすいのは、「情報のグローバル化」ですね。

インターネット、携帯電話、スマホ、ＳＮＳなどの登場で、世界は狭くなりました。

人の「グローバル化」はどうでしょうか？

たとえば、日本の野球選手やサッカー選手が海外で活躍している姿が思い浮かびます。

あるいは、東京のコンビニに行くと、あらゆる国籍の人たちが働いている。

こんなのも、「グローバル化だな」と感じます。

企業については、どうでしょうか？

世界中、どこに行っても、日本製品を買うことができます。

そして、とても多くの国に、日本企業が進出している。

日本企業は、現地法人を開き、現地の人を雇い、現地生産をしています。

そう、企業のグローバル化は、とても進んでいる。


ところで、皆さん**「国家のグローバル化」**について考えたことはありますか？

あまり考えないだろうと思います。

「国家のグローバル化」というと、普通は、「少子化で労働力が不足する。だから国を開いて、外国人を山ほど入れよう」などという政策の話になりがち。

あるいは、日本政府が、「新幹線を売り込んだ」「原発を売り込んだ」とか。

または、日本政府が日本企業の海外事業が円滑に進むよう、サポートしているとか。

私の意見では、これらは、「もっとも大切な国家のグローバル化」ではありません。

**「もっとも大切な国家のグローバル化」とは、「外国企業を日本に呼び込むこと」**です。

「外国企業が来る」というと、日本ではいまだにアレルギー反応を起こす人が多い。

しかし、まともな外国企業が日本に来ても、困る人は（あまり）いません。

それどころか、助かる人はたくさんいます。

どういうことでしょうか？


たとえばスウェーデンの家具量販店イケアは二〇〇一年、日本再進出をはたしました（イケアは、過去に二回進出、撤退している）。

イケア・ジャパンは、法人税を日本で払っていることでしょう。

従業員は、ほとんどが日本人で、その人たちは日本で所得税を納めていることでしょう。

外国人の従業員もみかけますが、彼らは日本在住なので、きっと日本で所得税を払っていることでしょう。

つまり、イケアが来たことで、日本人は職を得て、日本政府は、税金をたくさん払ってもらっていることになります。

そう、**外国企業をどんどん呼び込むことは、日本の国益**なのです。


これに反対する勢力もあります。

代表的なのは、日本の同業他社でしょう。

「外資系企業が来れば、自分たちのビジネスが脅かされる」と感じるので、反対する。

一理あります。

しかし、「国家のグローバル化」という観点からみれば、日本政府は、「**外国企業が来やすい環境**」を整えるべきです。

さて、私は、「人口が急減している秋田県、青森県、高知県、山形県、和歌山県、長崎県、福島県の法人税をゼロにしましょう」と提案しています。

これが実現した暁には、外国企業に広く告知するべきでしょう。

そして、外国企業が大挙して日本に移ってくるような状況をつくり出すべきです。

企業は、法人税を日本で払う。

日本人を大量に雇い、雇われた人たちは、日本で所得税を払うのですから。

## ◉近づく中国の混乱期、日本に勝機が訪れる

中国に混乱が迫っています。

これは「国家ライフサイクル論」でわかるのです。

「国家ライフサイクル論」とはなんでしょうか？

今までの本で何度も触れたので詳細は省きますが、簡単に解説しておきましょう。

「国家ライフサイクル論」とは、「国にも、人間同様、生老病死のプロセスがある」という考え方です。

大きく、前の体制からの移行期（＝混乱期）、成長期（前期と後期）、成熟期、衰退期に分かれます。

前の体制からの移行期は、混乱期でもあります。

強力なリーダーが出て混乱を終わらせ、正しい経済政策を実行すると、成長期に突入します。

成長期のはじめは安い人件費を武器に、「安かろう悪かろう」といわれながら、急成長していく。

成長期後期になると、人件費が高くなり、成長率は鈍化していく。

そして、企業は、安い人件費を求めて、外国に生産拠点を移していきます。

やがて成長期後期が終わり、低成長の成熟期が訪れます。

日本が成熟期であることは、説明するまでもないでしょう。

では、お隣の中国はどうなのでしょうか？

これは、「日本から三〇年遅れている」のです。

日中を比較してみましょう。


日本は一九五〇年頃から成長期に入りました。

中国が成長期に入ったのは、鄧小平《とうしょうへい》が改革を始めた一九八〇年頃です（正確には、一九七八年末）。


一九六〇年代、日本は「安かろう悪かろう」といわれながら、急成長しました。

三〇年後の一九九〇年代、中国は、「安かろう悪かろう」といわれながら、急成長します。

一九七〇年代、日本は「世界の工場」になりました。

三〇年後の二〇〇〇年代、中国は「世界の工場」になりました。

一九八〇年代、「ジャパン・アズ・ナンバー1」。

「日本は、アメリカを超えて世界一の経済大国になるのは確実だ！」といわれました。

三〇年後の二〇一〇年代、「中国は、アメリカを超えて世界一の経済大国になる！」といわれています。

どうですか、皆さん。

ピッタリ三〇年遅れでしょう？

一九九〇年、日本で「バブル崩壊」。

「暗黒の二〇年に突入」。

つまり、三〇年遅れの中国は、二〇二〇年から「暗黒の二〇年に突入」ということになります。

もちろん、時期が多少ズレることはあるかもしれません。

しかし、

成長期は安い人件費を武器に成長↓

人件費が高くなり、企業が外国に逃げ始める↓

成長期が終わり、低成長の成熟期が来る

というのは、不可避な流れです。

中国は、これから成長期から成熟期への移行にともなう混乱が待ち受けています。

すでに、日本企業は、生産拠点を東南アジアに移している。

トランプ大統領の米中貿易戦争も、大きな不安定要因。

また習近平が憲法を改定し、「終身国家主席」への道を開き、独裁を強化していることも、外国企業、投資家を不安にさせます。


私は何がいいたいのか？

七県の法人税をゼロにしたら、外国企業に、「日本で生産すれば、税金安いですよ。中国は、人件費もかなり上がっていますし、独裁制で怖いでしょう？　世界一安全で、従業員は世界一勤勉で、税金も安い日本に生産拠点を移しませんか？」とオファーしましょうと。

「安全な日本で生産し、中国に輸出すればいいじゃないですか？」と。


二〇〇〇年、日本人の人件費は、中国の四〇倍だった。

二〇一七年、日本人の人件費は、中国の四・四倍。

まだ、ずいぶん差があります。

それでも、独裁で不安定な中国から、安全で安定している日本に生産拠点を移したいという外国企業はたくさんいると思います。
もちろん、法人税ゼロ県を設置すればの話です。

## ◉「両親の近くに住もう運動」

「会社教」が主流だった時代、日本には「成功法則」がありました。

① しっかり勉強して、いい大学に入りましょう
② 卒業したら、大企業に入りましょう
③ そうすれば、給料は右肩上がり。クビになる心配はなく、死ぬまで安泰です

「成功法則」の終わり。

この成功法則を実現するために、子供たちは、大都市圏の大学を目指しました。
そして、卒業後は大都市圏の会社に就職した。
大都市圏で結婚し、子供が生まれた。
地方の故郷に帰省するのは、お盆と正月の二回だけ。

両親が亡くなれば、子供たちと故郷の関係は、切れてしまいます。

こうして、地方の衰退は加速し、大都市は人があふれ、ますます住みにくくなっていく。

どうすればいいのでしょうか？

一つの方策（＝法人税ゼロ県）は、もう提示しました。


もう一つ、**「両親の近くに住もう運動」**を推進すればいいと思います。

なぜでしょうか？

両親の近くに住むことで、余裕が生まれ、結果、人々の善良さが増す。

同時に、都会と地方の格差が縮小していく。


（ちなみに、「両親の〝**近く**〟に住もう運動」と書き、「両親と〝一緒〟に住もう運動」と書かないのは意図的にそうしています。同居すると、しばしば「嫁姑ウォーズ」が勃発する。これは「余裕のない状態」ですね。もちろん仲よく一緒に住めるのであれば、理想ですが。）


説明します。

子供を育て始めて、気がついたことがあります。

それは、「子育ては、楽しさとしんどさの間を行ったり来たりだ」と。

どういうことでしょうか？


楽しいのは、わかりますね。

小さい子供は、かわいいのです。


「しんどさ」は、なんでしょうか？

親は、寝不足になりがちです。

赤ちゃんは、お腹がすいては泣き、眠くなっては泣き、オムツが濡れては泣き。

親は、とにかく（当たり前ですが）赤ちゃん中心の生活になり、自分の時間がまったくとれなくなります。

少し大きくなると、子供は、親のいうことを聞かず、しばしば物を壊し、おもちゃを散らかして、家を無秩序状態にする。

それで、ある親は不機嫌になり、それがエスカレートして「虐待」に向かうことすらある（第二章で、衝撃的な実例をあげました）。


さらりと書いていますが、状況は深刻。

次の記事をごらんください。

〈児童虐待、一三万件＝二七年連続増で最多更新―厚労省（時事八月三〇日一三：〇六配信）

全国の児童相談所が二〇一七年度に対応した児童虐待件数は、**前年度比一万一二〇三件（九・一％）増の一三万三七七八件**（速報値）となったことが三〇日、厚生労働省のまとめで分かった。

子どもの目の前で親が配偶者に暴力を振るう「面前ＤＶ」の通告が警察から増えたことが主な要因で、一九九〇年度の統計開始以来、**二七年連続で最多を更新した。**〉

- **児童虐待件数は、一三万三七七八件！**
- **前年比、九・一％増！**
- **二七年連続で最多を更新！**

驚くべき現状です。

まえがきで書いたように、私は、「余裕をつくり出す」ことで、状況をかなり改善できると考えています。

もう一つ気がついたことがあります。

それは、**子育ての楽しさを増し、しんどさを減らす方法は、子育てに「関わる人を増やすことだ」**と。


これは、なんでしょうか？

たとえば、ダンナさんが早朝から深夜まで毎日働いている。

子育ては、実質奥さんが一人でやっている。

この場合、子育てに関わっているのは、「一人だけ」ですね。

奥さんは、子育て一〇〇％で、**まったく余裕のない状態**になってしまいます（第二章で紹介した「ヨシコさん」（仮名）も、実質「一人子育て」で、仕事もきつかった。それで虐待に走りました）。


それで、「かわいさ」よりも「しんどさ」が勝ってしまう。

そうなると、楽しいはずの子育てが、「自己犠牲の苦行」になってしまう。


ところが、第二章で書いたように、労働時間が大幅に短縮された。

定時に仕事が終わったダンナさんは、スマホをみます。

奥さんから、「帰り道で買って来てほしい食料品リスト」が届いている。

スーパーで買い物し、家に戻ったダンナさん。

奥さんに、「俺、○○ちゃんみとくから休めば？」といいます。

奥さんは、「大丈夫。ちょっと待ってて。夕ご飯作るからね！」と元気に答えました。

ダンナさんは、赤ちゃんの顔をみて、「いつみても美人だな。これは、俺に似たのだろう」などと考えます。

そう、「二人で子育て」になったので、二人の心に余裕が生まれ、善良さも増しています。


もしこれが、「四人で子育て」になったらどうでしょうか？

週末には、おじいちゃん、おばあちゃんのところに、子供を預かってもらいます。

おじいちゃん、おばあちゃんは、孫と過ごすことができて幸せでしょう。

孫も、おじいちゃん、おばあちゃんと遊べて幸せでしょう。

そして、お父さん、お母さんは、デートしたり、ショッピングしたりできて幸せです。

私は、「四人体制の子育て」をフル体験したことはありません。

しかし、実家に帰省すると、「楽だな」と思います。

食事は、母親が作ってくれるし、父親が子供たちを散歩に連れて行ってくれるからです。

ところで、男性も女性も歳を取ると、「介護問題」が浮上してきます。

そして、近年、高齢者の「孤独死」が大問題になっています。

「孤独死」の理由は、「核家族化が進み、一人暮らしの高齢者が増えたこと」。

もし、おじいちゃん、おばあちゃん、お父さん、お母さん、子供たちが、近くに住んでいればどうでしょうか？

よほど険悪な関係でないかぎり、「孤独死」という話はなくなるでしょう。

「介護」については、さまざまなケースがあり、「解決策はこうです」と断言することはできません。

しかし、これも「子育て」と同じで、「関わる人が多いほど楽になる」ことでしょう。

私は、妻、妻のお兄さんと共に、義父の介護をしました。

それでも大変でしたが、一人で介護するのに比べれば、ずいぶん楽でした。

おじいちゃん、おばあちゃんに介護が必要になった。

もしおじいちゃん、おばあちゃんに子供たち、孫たちが複数いて、協力し合って介護すれば、ずいぶん個々人の負担が軽減されます。

というわけで、**「両親の近くに住むこと」は、皆の幸せ**なのです。

もちろん、両親の近くに住むか、遠くに住むかは、個人の自由。

国が口だしすることではない。

しかし、「両親の近くに住めば幸せであることはわかっているが、諸事情でそれができない」という人がたくさんいるのであれば、それはもはや「国の問題」といえるでしょう。

## ◉どうすれば、両親の近くに住めるようになるのか？

もし、両親と子供の仲が悪ければ、「なんとしてでも親から離れて住もう」と思うかもしれません。

あるいは、「俺は、国際ビジネスマンになって世界で活躍するのだ！」と決意している人は、やはり両親と離れて暮らすでしょう。

日本は、自由民主主義の国なので、基本的には、「みんな好きに生きてください」ということですね。

しかし、「できれば、水と空気がきれいな故郷で暮らしたい」「自然豊かな環境で子育てしたい」「親のことが心配だ。近所に住みたい」という人もたくさんいるのではないでしょうか？

ところがなんらかの理由で住めない。

そんな人が、「両親の近くに住めるようにしよう」というのが、この運動の本質です。

どうすればいいのでしょうか？

たとえば最近、「**転職なし**の求人」が増えてきました。

「両親の近くに住もう運動」の観点からすると、すばらしいことだと思います。

また、この本を執筆している最中に、こんな情報を見つけました。

〈東京圏↓地方移住・起業で最大三〇〇万円補助　政府方針（「朝日新聞 DIGITAL」八月三一日〇：二七配信）

政府は、人口の東京一極集中を抑えるため、東京圏から地方に移住して起業する人を対象に、最大三〇〇万円を補助する制度をつくる方針を決めた。

移住者が中小企業に就職した場合も最大一〇〇万を補助する。

内閣府が三〇日に発表した二〇一九年度予算案の概算要求に盛り込んだ。

東京圏（東京都、神奈川県、千葉県、埼玉県）からそれ以外の地方への移住が対象。

地方創生推進交付金を活用し、国と地方自治体で半額ずつ負担する。〉

すばらしいですね。

日本人には、数々の特徴があります。

その一つは、「お上が方針を示すと、民が従う」こと。


「働き方改革」の例をあげました。

法律自体はお粗末ですが、国が「働き方改革！　働き方改革！」と連呼した。

すると、企業も、役所も「働き方改革しなければ」と、いっせいに「労働時間短縮」に取り組み始めた。


ですから国が、「東京圏の一極集中を阻止しよう！」「地方に住もう！」「親の近くに住もう！」という方針を示すことで、案外すばやく変わっていく気がします。

もちろん、そのためには、地方に住む人に「いろいろな特典」をつける必要もあるでしょう。

それは、いつもそうであるように、「補助金が出る」とか「税金が安くなる」とかそういった類のことです。

## ◉子供を大都市圏の大学に通わせる親の苦しみ

少し、「繰り返し」の話になりますが、

「会社教」の時代には、「成功法則があった」という話でした。

①　しっかり勉強して、いい大学に入りましょう

②　卒業したら、大企業に入りましょう

③　そうすれば、給料は右肩上がり。クビになる心配はなく、死ぬまで安泰です

いわゆる「いい大学」は、大都市圏にあることが多い。

それで、子供たちは、「大都市圏の大学」を目指す。

この極めて普通の状態は、冷静に考えてみると、地方の親に、二重の苦しみを与えます。

まず、子供たちが都会の大学で勉強するのに、大金がかかる。

どのくらいかかるのでしょうか？

少々古いデータですが、文部科学省の「教育指標の国際比較」（二〇一三年度版）によると、国立大学で初年度平均八一万七八〇〇円（入学金＋授業料）。

二年目からは、授業料五三万五八〇〇円。

これを三年間払うので、一六〇万七四〇〇円。

八一万七八〇〇円＋一六〇万七四〇〇円＝二四二万五二〇〇円。


さらに、親元を離れて住むので、家賃等、いわゆる「仕送り」が必要ですね。

全国大学生協連によると二〇一六年、「仕送り額」の全国平均は、七万六一〇〇円だったそうです。

「東京の大学に通って月七万円は厳しいな」と思いますが、一応この数字で計算します。

すると、七万六一〇〇円×一二カ月＝八四万七三二〇円。

これを四年つづけるので、三三八万九二八〇円。

入学金＋授業料は、平均二四二万五二〇〇円、これに仕送り平均三三八万九二八〇円を足すと、五八一万四四八〇円。

子供が国立大学に一年通うのにかかる平均的な金額は、五八一万四四八〇円÷四年　＝

一四五万三六二〇円となります。


今度は、私立大学に行った場合を計算してみましょう。

私立大学に入ると、入学金＋授業料、その他で、初年度は平均一三一万四二五一円かかる。

二年から四年までの学費は、年間八五万七七六三円×三年＝二五七万三二八九円。

これに、仕送り四年間で三三八万九二八〇円。

初年度一三一万四二五一円＋二〜四年授業料二五七万三二八九円＋仕送り四年三三八万九二八〇円＝七二七万六八二〇円。

これを四年で割ると、年間平均一八一万九二〇五円かかる。


この金額は、多いのでしょうか、少ないのでしょうか？

厚生労働省によると二〇一六年、日本の世帯所得は、平均五六〇万円だそうです。

子供が国立大学に入ると、学費＋仕送りで、年間平均一四五万円かかる。

これは、平均的家庭収入の二五・八％にあたります。

子供が私立大学に入ると、学費＋仕送りで、年間平均約一八二万円かかる。

これは、平均的家庭収入の三二・五％です。

ここまで見ると、「がんばればなんとかなる金額かな」と思えるでしょう。

しかし、年齢の近い子供が二人いたらどうでしょうか?

二人共国立大学に行った場合、年間二九〇万円かかる。

これは、平均的世帯収入の約五二%。

二人共私立大学に行った場合、年間三六四万円かかる。

これは、平均的世帯収入の約六五%。


こう見ると、日本の平均的収入の家庭が、年の近い二人の子供を大学に出すのは、「大変困難だ」といえるでしょう。

三人になると、「あり得ない」ですね。

もちろん、現実的には、奨学金もあり、なんやかんやとやりくりしている。

しかし、「苦しい現実」であることは、誰もが同意してくださることでしょう。

私は、子供が大都市圏の大学に進学することは、「地方の親に、二重の苦しみを与える」と書きました。

一つ目は、「金銭的苦しみ」です。

もう一つの苦しみは、「子供たちが、卒業後も、大変しばしば、故郷に戻らないこと」。

親は、大金を払って、子供を大都市圏の大学に入れた。

子供たちは、卒業後、大都市圏の企業に入り、親元には年に二回しか戻ってこない。

これは、現在ごく普通の状態ですが、冷静に考えてみると、極めて不合理です。


親は、子供のために大金を払いましたが、なんのリターンも得ていない。

自分たちの人生にまったくプラスにならないどころか、「大金が消えた」「子供たちが遠くに住む状況を生み出した」ということで、むしろマイナスが大きい。

もちろん、大学進学は、子供の幸せのためであり、「リターンとか考えない」のが普通でしょう。

しかし、同じ結果を得て、親の負担を大幅に減らすことができれば、「そうしたい！」と思う人は多いのではないでしょうか？

## ◉地方で親と同居しながら、都会の大学に通える仕組みをつくれ

インターネットの時代です。

私たちは、望みがあれば、日本にいながらハーバード大学の授業をみることができる。

私も長男が生まれたての頃、よく『これからの「正義」の話をしよう』（早川書房）で有名なサンデル教授や、宇宙物理学者リサ・ランドール教授の講義を見ていました。

正直、私は、彼らが何をいっているのか1％も理解できません。

しかし、「長男の潜在意識に高度なインプットがなされるだろう」などと考えて聞いていたのです（長男は、私の横で、ごろごろしながら、サンデル教授や、ランドール教授の講義を聞いていました）。


私は、何がいいたいのか？

たとえば、「東京の大学の学生が、必ずしも東京にいる必要はないのでは」と。

もちろん、理系はそうもいかないでしょう。

しかし、文系の学生は、たとえば「動画で○○教授の講義を聞きました」「レポートは、メールで教授に送りました」ということが、技術的には可能でしょう。

もちろん、試験は、大学に行って受ける必要があるでしょう。

それでも、「四年間ずっと大学の近くに住み、毎日大学の校舎に通いつづける」必要は、まったくない気がします。

もちろん、「そうしたい人」は、そうすればいい。

しかし、「地方にいながら東京の大学で学びたい」という人には、その可能性を開くべきでしょう。

このことは、とても大きなメリットがあります。


まず、学生の両親。

両親は、月の平均仕送り額七万円×一二カ月＝年八四万円を節約できます。

子供が大都市圏の国立大学に入ると、親の負担は、年平均一四五万円という話でした。

一四五万円－八四万円＝六一万円になる。

平均的世帯収入五六〇万円に占める割合は、二五・八％から一〇・八％まで減ります。

子供が大都市圏の私立大学に入ると、親の負担は、年平均一八二万円かかるという話でした。

一八二万円－八四万円＝九八万円。

平均世帯収入五六〇万円に占める割合は、三二・五％から一七・五％まで激減しました。

親のメリットは、明らかです。

そして、学生にもメリットがあります。

たとえば東京圏で、（平均仕送り額である）「月七万円」で暮らすのは不可能です。

それで、地方から都会に出てきた大学生は、アルバイトに励むことになる。

これは「よい人生経験」ではありますが、「大学生の本業」とは関係ありません。


もし、彼、彼女が、東京の大学に入学し、なおかつ地方の自宅で学生生活を送れば、アルバイトをする必要はなくなります。

もちろんアルバイトをしてもいいのですが、大都会で生活する場合と違い、ほとんどを、貯金にまわすことができるでしょう。

あるいは、「お父さん、お母さんに申し訳ないから、来年の学費は、自分で稼いで出すね！」といえる状態になるかもしれません。


そして、国と地方自治体のメリットは、大学生が卒業後、地元の企業に就職する可能性が高くなることです。

彼、彼女は、地元で結婚し、地元で子育てをする可能性が高まります。


というわけで、地元にいながら大都市圏の大学に入学し、地元で授業を受ける制度を、早急に整えてほしいと思います。

ここまでの話、「ずいぶん過激じゃのう」と思われた方もいることでしょう。

しかし、戦後の流れを振り返ってみてください。

地方の子供たちは、こぞって大都会を目指しました。

地方から、ドンドン人が流出し、衰退していった。

大都市圏（特に東京圏）は、人が増えすぎた。

このネガティブな流れを変えるためには、**「東京圏から地方に人が引っ越す政策をとる」**以外に道はありません。

しかし、日本は、独裁国家のように住む場所を強制することはできない。

それで、**「地方に引っ越した方が、『お得』ですよ」**という方策をとる必要がある。

この章で書いた方法で、すべてうまくいくとはいいません。

しかし、実行すれば、「東京圏から地方へ」という流れが生まれてくることでしょう。

# 第四章

# 給食革命と農業の復興

## ◉カルシウムが不足すると

「ありゃあ、カルシウム不足だな……」

泣き叫ぶ三歳ぐらいの子供を見て、私の親戚はいいました。

私には、世の中の現象のほとんどを「栄養」で説明する親戚がいます。

一〇年ぐらい前でしょうか。

一時帰国した私は、彼に車でショッピングセンターまで連れて行ってもらったのです。

そこで、三歳ぐらいの子供が、お母さんにおもちゃを買ってほしくて、ごねているのをみかけました。

ひっくり返ってジタバタしながら、大声で泣き叫び、おもちゃを要求している。

この光景をみていた親戚は少し離れたところで、「ありゃあ、カルシウム不足だな……」といったのです。

それを聞いた私は、「冗談なのかな」と思いました。

数年後の夏、私と妻、娘、息子は、旅行に行きました。

ホテルの食事は、バイキング方式。

子供というのは、「なんでも食べていい」となると、「フライドポテト」「ピザ」「スパゲッティ」などを選ぶのですね。

妻は「体にいいもの」を食べさせようとするのですが、聞いてくれません。

数日すると、娘の様子がおかしくなってきました（当時、四歳ぐらいだったと思います）。

目に見えてわがままになり、ちょっとしたことで、すぐ泣くのです。

モスクワでこのようなことはなかったので、とても心配になりました。

「原因はなんだろう……」と自問していると、天啓のように親戚の言葉が響いたのです（「親戚の言葉を思いだした」ともいえますが……）。

「ありゃあ、**カルシウム不足だな……**」

そこで娘の食べているものを分析してみると、まったくカルシウムを食べていない。

私は、早速薬局に行き、「子供用カルシウム」を買いました。

そして、牛乳を買ってきて飲ませたのです（バイキングには、牛乳はありませんでした）。

すると、翌日から劇的に調子がよくなりました。

精神的に安定し、わがままもなくなり、つまらないことで泣くこともなくなった。

私は、その変化に驚き、いまさらながらネットで「カルシウム不足」を検索してみたのです。すると、「カルシウム不足でキレる」「カルシウム不足で情緒不安定になる」という情報がたくさんありました。

そのとき、旅先でずばりどのサイトをみたのかは覚えていません。

しかし、今改めて検索してみても、たくさん出てきます。

たとえば、学研の「おやこＣＡＮ」のページに、こんな情報がありました（太字筆者）。


〈最近は、小学校低学年の子どもや幼児の中にさえも突然キレて暴れる子どもが出現してきています。

恐ろしいことですね。

キレる原因はいくつか考えられますが、日常の食事も影響していることはご存知でしたか。

どうやらスナック菓子や清涼飲料水などのとりすぎがひき起こす**カルシウム不足が原因の一つ**のようです。

骨や歯の成長に欠かせない**カルシウムの不足が「キレる」ことにも関係**しているのです。

カルシウムが不足すると神経や脳の安定した状態の維持が難しくなり、イライラ、

情緒不安定、神経の興奮が抑えられないなどの現象につながりやすくなるのです。〉

ここに書いてあるようなことを、私は娘の変化で実感した。

とても驚いた私は、親戚にスカイプで連絡し、一部始終を話しました。「世界のほとんどの現象は、栄養で説明できる」と信じる彼は、「そうだろうな」といって、驚きもしませんでした。

モスクワに戻ってきた私たちは、カルシウムを「使う」ようになりました。

たとえば、息子は、大変な「ママっ子」で、妻（彼にとっては母）が出かけると、大泣きするのです。

私たちは、妻が出かける前に、ミルクココアをたっぷり飲ませ、子供用カルシウムを一粒あげるようにしました。

すると、泣かなくなったり、泣いても立ち直りが早かったり、著しい効果がありました。

いまだに私たち夫婦は、栄養に関して、「理想とはほど遠い」状態にあります。

外食すれば、子供たちは必ずフライドポテトを要求し、甘い炭酸ジュースも、アイスクリームも大好き。

それでも、一歩一歩「食事改革」の道を歩んでいる最中なのです。

## ◉食べ物は、感情に影響を与える

私は、なぜこのような話をしているのでしょうか？

この一件で、**「食べるものが感情に影響を与える」**と確信したからです。

そして、ある人がしばしば同じ感情にいるとき、それは、その人の「性格」ととらえられることでしょう。

たとえばある人が、しょっちゅうキレている。

すると、周りの人は、「あの人は、**キレやすい〝性格〟**なのだ」と認識するようになる。

つまり、**食べ物は、特定の感情を引き起こし、それが継続的になると、性格になってしまう。**

もちろん、「性格は、すべて栄養で決まる！」などと、過激な結論を出すつもりはありません。

しかし、子供がカルシウム不足でキレやすくなるのなら、それが「いじめの原因の一つ」かもしれません。

あるいは、子供がカルシウム不足でキレやすくなるのなら、大人だってカルシウム不足でキレやすくなるのではないでしょうか？

もちろん、大人は、子供と違い、感情を抑制することができます。

しかし、抑制する必要のない場では、思う存分キレているのかもしれません。

ある大人は、自分の子供と二人の時は、心置きなくキレているのかもしれない。

思い出してください。

二〇一七年の**児童虐待件数は、一三万三七七八件！**

「栄養が性格に影響を与えている」という話を「トンデモ」と思う人もいるでしょう。

そこで、自然食・自然療法の大家、九三歳になっても現役で、毎年のように本を出版しておられる東城百合子先生の『長生きできる食習慣』（育鵬社）から、「食事と感情」に関係ある部分を、いくつか抜粋しておきましょう。


〈ワシントン大学ではネズミに白砂糖を大量に与えたら、ネズミは異常行動をするようになった。

そして脳の中のドーパミンの量を計ってみると、砂糖を与えた時にはそれが激減していた。

ドーパミンは神経刺激の伝達物質で、これがへると頭も心も行動もおかしくなるようです。

日本でも異常行動をする青少年がふえてきていますが、家庭のしつけも含めて、その中には砂糖のとりすぎ、不自然な加工食品のとりすぎが目立つという調査もあります。〉（六七p）

この件について。

甘いものだけ食べた子供は、最初とても元気で明るくなり、しばらくするとわがままになり、少しのことで泣いたりするようになるようです。

皆さんに小さなお子さんがいれば、ぜひ観察してみてください。


〈例えばビタミン$B_1$が欠乏すると、体はだるくねむくなって、身を重くします。するとなまけ者になって、体を動かさないで何かいいことはないか、自分は働かないで人をあてにするようになり、棚からボタもちでも降ってこないかなどと思い、一攫千金《いっかくせんきん》を夢みるなど精神が不安定になります。サギ師・泥棒などはなまけ者です。

$B_1$の多いものは未精白穀類・豆類・くるみ・ごまなどです。〉（一一六〜一一七p）

私も、昼の二〜三時ぐらいになると、だるく、眠くなることがしばしばあります。豆、くるみ、ごまなどを意識して摂らないとダメですね。

〈人間の場合もビタミンA不足は肝臓の働きを悪くし、胆汁の働きや流れも害しますから、脂肪の代謝がうまくゆかなくなります。

するとと血はよごれ、肝臓の疲労がはげしくなり、怒りっぽくなります。

肝臓がくたびれるとイライラしたり、気短になってどなりたくなります。

最近ではA不足は知能指数を低くするという報告もあります。

ビタミンAは葉緑素の多い緑の濃い野菜やにんじん・しそ・ピーマンに多くあります。

緑は心を安らがせる平和のシンボルですが、体にとっても安らぎを与えるのです。〉（一一七p）

カルシウム不足の話から入りましたが、ビタミンA不足でも怒りっぽくなるのですね。

それだけでなく、知能指数も低くなる。

早速、スーパーに行って、にんじんを買いましょう！

〈カルシウムをつとめてとる食生活は、神経も丈夫にする。

大脳の働きも活発になるので健脳のためにはどうしても必要です。
カルシウムが足りなくなると脳が酸欠になりやすく、大脳が疲労します。
それでイライラしたり怒りっぽくなり、疲れとともに無気力、なまけ根性、集中力を欠き、落ち着きのない性格づくりにもつながりますから重要なことです。〉（一二九p）

「カルシウム」の話が出てきました。

旅行で娘の異常に気づくまで、栄養と感情がこれほど密接に関わっているとは、夢にも思いませんでした。

皆さんも、「ああ、これは北野の妄想ではないのだな」とご理解いただけたことでしょう。

## ◉食べ物といじめの関連性

ここまでの話に関連して、一つ興味深い話をご紹介しましょう。

長野県真田町《さなだ》（現在は合併により上田市の一部）の元教育長・大塚貢先生の著書『給食で死ぬ!!』（コスモトゥーワン）に、大変興味深い記述があります。

大塚先生は一九九二年、長野県A中学校（生徒数一二〇〇人）の校長になりました。
赴任当時、学校はとても荒れていたといいます。
具体的には、

・生徒が廊下をバイクで走っている！
・校舎内外に落ちているタバコの吸殻を集めると、一～二時間でバケツいっぱいになる！
・毎日のように犯罪が起きる！
・授業中に生徒が外で群れてタバコを吸っている！
・弱い生徒を引きずり出し、いじめて現金をまきあげている！
・外で空き巣をしている！
・一人暮らしのお年寄りの家に行き、脅迫している！

等々、なんとも恐ろしい学校だった。

大塚先生は、「学校改革」を決意します。研究の日々が始まりました。
「なぜ、生徒は荒れているのだろう？」

はじめに気がついたのは、「授業がつまらない」ということでした。

先生は決心し、「授業がつまらない」「あれでは給料泥棒だ」と指摘。

その結果、全教師が一丸となって、「わかる、できる楽しい授業」を目指し、研究するようになりました。授業改革が進み、大塚先生が見ても、「こりゃあ面白い！」と思える内容になっていったのです。

その結果、授業を抜け出す子、不登校の子、非行に走る子の数が減っていきました。


探求はさらに続きます。

ある競技大会の朝、コンビニ前に張り込み、生徒たちが何を買うか研究してみました。

すると、**「コンビニ弁当」「カップラーメン」「菓子パン」「清涼飲料」**（ほとんど果汁がない）**などを買っています。**

先生は、こういうものを買っているのが、**「いじめっ子」「キレやすい」「無気力」など、問題を抱えている子供**であることに気がつきます。

そして、**「食べているものと生徒の行動には関係があるのではないか？」**と疑問を持ったのです。

そこで先生は、子供たちがふだん何を食べているか調査することにしました。

結果はどうだったのでしょうか？

まず、子供たちの三八%が朝食を食べていないことがわかりました。

私自身、もう長いあいだ朝食を食べていないので、「それが非行と関係あるのかな～？」と思いましたが、先生の解説を読んで納得しました。

『給食で死ぬ!!』二四pにはこうあります。

〈朝食を摂らないと、なぜ学習で無気力になったり、いじめ問題を起こしたりするのでしょうか？

少し考えると分かることですが、中学校には歩いて登校します。

朝の部活があり、朝の清掃があり、体育やその他の授業があります。

その、子どもがエネルギーを使うべき重要なときに、食べていないから力が湧いてこないわけです。

子どもたちは夕食をだいたい夜の七時から八時に摂り、朝食抜きで登校したら、給食は昼の一二時半ごろ……。

つまり一六時間くらい何も食べていないのですから、無気力になりますし、イライラしてくるのは当然です。

だれでもお腹がすくとイライラしますが、子どもは特に顕著です。

イライラのはけ口はいじめとなり、あるいは無気力になってしまうのです。〉

なるほど〜。

歩いて登校、部活、清掃、体育。

子どもたちは、私たち大人と違って、とてもハードな生活をしている。

それなのに一六時間も食べていない。

やる気も出ないし、イライラすることでしょう。

「朝食と成績の関係を裏づけるデータ」も出ています。

二〇〇九年一月七日付「読売新聞」(福井版)から。

〈食生活と学力の関連性を示すデータもある。

二〇〇八年度の全国学力テストでは、アンケートで「朝食を毎日食べる」と答えた子どもは、「全く食べない」という子どもより、国語、算数(数学)の全八分野で正答率が二一・二〜一二・六ポイント上回った。

このテストで福井県は都道府県別の平均正答率が全分野でトップ3に入ったが、「朝食を毎日食べる」と答えた割合は、全国平均よりも小学校で二・二ポイント、中学校

で四・七ポイント高かった。〉

どうですか、これ？

子供の成績が悪い理由は、「朝食を食べていないから」かもしれない。

ちなみに、内閣府の「子供・若者白書」（二〇一八年版）によると、小学生の八六・九％、中学生の八二・七％は、毎日朝食を食べている。

つまり、朝食を「毎日は食べていない子」は、小学生で一三・一％、中学生で一七・三％である。

大塚先生の学校、普通に考えても「荒れすぎだよな」と思えるのは、「朝食を食べない生徒が三八％もいたから」なのでしょうか？

では、朝食を食べている、残りの子どもは安心なのでしょうか？

「なんでも食べりゃあいい」というわけではないのですね。

大塚先生の調査によると、大部分は、朝食として、菓子パン、ハム、ウィンナーなどを食べている。

夕食には、レトルトカレーや焼肉を食べる子が多かった。

〈私の娘のケースを見ても、「なんでも食べればいい」わけではないことがわかります。娘は旅先で、

フライドポテト、ピザ、スパゲッティなどを、存分に食べていたのですから)

このような現状を知り、大塚先生はどうされたのでしょうか?

それは、後述します。

## ◉破壊される日本の食卓

大塚先生の学校の話をしましたが、日本人は今、何を食べているのでしょうか?

大正大学客員教授岩村暢子《のぶこ》先生は、二〇年間、日本人の食について研究をつづけておられます。今まで四一三世帯、八六七三食卓を調べ、一万五六一一枚の食卓写真を収集・分析し、のべ七〇〇時間以上のインタビューをされてきた。

まさに「食事研究」の第一人者。

そんな先生は、二〇一七年一〇月、『残念和食にもワケがある――写真で見るニッポンの食卓の今』(中央公論新社)という非常に興味深い本を出版されています。

この本には、驚くべき日本の食卓の現状が書かれている。

一部、ご紹介しましょう。

**・コメの朝食は、四人に一人！**

「てことは、四人に三人はパンなのかな？」と思いますね。
ところが、そうでもないようなのです。

〈いまの家庭で「朝食は、何食べる？」と尋ねる時、それはおかずの話ではない。「菓子パン」「トースト」「シリアル」「ラーメン」「パスタ」「お握り」「白米」等々のどれがいいか、主食を聞かれているのだ。〉（一五p）

朝食にコメを食べているのは、四人に一人。
四人に三人は、パン、シリアル、ラーメン、パスタなどを食べている。
しかも、

**・家族共通の朝食がない！**

「家族共通の朝食」がない。
「家族共通の主食」がない。

〈「お父さんはそばめし、お母さんは菓子パン、子供たちはホットサンド」とか、「お父さんはお握り、お母さんはスパゲティ、子どもはコーンフレーク」「お父さんはラーメン、お母さんはシリアル、長女は焼きそばパン、長男は焼きトウモロコシ」など、家族一人一人バラバラというのが普通だ。〉（同前一八p）

### ・コメよりパン！

総務省の「家計調査」によると、二〇一一年一般家庭における一世帯当たりのパン年間支出額が、コメの年間支出額を初めて上回った。

そして、その後もパン支出額、消費量とコメ支出額、消費量の差は、開きつづけています。

なぜ主婦は、コメよりパンを好むのでしょうか？

〈多くの主婦たちが「ご飯にすると、おかずを作らなければならなくなるから、余裕

**がない時は面倒なんです」**と言う。

例えば、朝食に「トーストとコーヒー」だけ出しても全く違和感がないのに、「白いご飯とお茶」だけだとなんだか侘しく感じる。〉（同前二二p）

**「余裕がない時は面倒」だからパンを食べる。**

ここでも、一章のキーワード「余裕」が出てきています。

今のお母さんたちは、**「おかずを作る余裕」すらなくなっている**のです。

**・味噌汁は、食べない！**

岩村先生によると、味噌汁を作っているのは、一家庭当たり平均週二回弱だそうです。

しかも「週一回以下」の家が、四八％ある。

もはや味噌汁は、「なくてもいい存在」になってしまったようです。

**・魚を食べるのは、週一回！**

魚を使った料理が食卓に登場する割合は二〇〇二、〇三年が週一・八回、二〇一二、一三年一・二回、二〇一五年一・一回と減少傾向がつづいているそうです。

魚に含まれるＤＨＡは、「頭をよくする」といわれていますが、今の日本の食卓では、難しいですね。

キリがないので、この辺でやめておきましょう。

日本人の平均寿命は二〇一六年、八三・九八五歳で、世界二位（一位は、香港）。

日本人が長生きの理由は、「和食が体にいいからだ！」と世界的にいわれています。

ロシアでも、ここ一五年ぐらい和食ブームがつづき、今ではすっかり市民権を得ている（冗談ではなく、ピザ屋で寿司が出てきます）。

和食は二〇一三年、ユネスコの「無形文化遺産」に登録されました。

しかし、岩村先生の調査で明らかになったのは、「和食文化は、明らかに衰退している」ということでした。

## ◉増える子供糖尿病とその理由

文化破壊も問題ですが、ここでは、「栄養」と「健康」「性格」の話をしたいと思います。

「和食文化」が廃れたとしても、「栄養的には、まともなものを食べている」のであれば、まだ救いがあるかもしれません。

この辺は、どうなのでしょうか？

「生活習慣病」というと、「生活習慣が発症に深く関与していると考えられる病気」のことです。

具体的には、糖尿病、脂質異常症、高血圧、高尿酸血症、脳血管疾患、心臓病など。

ちなみに、「生活習慣病」は、かつて「成人病」と呼ばれていました。

つまり、「成人がなる病気」であると。

ところが、子供が「成人病」にかかるケースが増えたことから、「生活習慣病」と呼び方が変わったのです。

たとえば、「**子供が糖尿病になる**」と聞けば、ほとんどの人は驚くと思います。

二〇一八年四月二四日付「オトナンサー」を読んでみましょう

〈これまで中高年の生活習慣病というイメージが強かった「2型糖尿病」。ところが近年、**肥満による子どもの2型糖尿病が増加しているといいます。**〉

「肥満による子供の2型糖尿病が増加している」そうです。

ここから糖尿病専門医の市原由美江先生が、質問に回答しています。

〈Q．はじめに、糖尿病とはどのような病気でしょうか。

市原さん「糖尿病とは、血液中のブドウ糖の濃度（血糖値）が異常に高くなる病気です。

血糖値が高いまま何年も経過すると、全身の血管が傷付き、三大合併症（糖尿病末梢神経障害、糖尿病網膜症、糖尿病腎症）をきたす恐れがあり、**失明や腎不全による透析、足の切断のほか、脳梗塞や心筋梗塞**などさまざまな病気を引き起こす可能性がありま す」〉

失明、腎不全、足の切断、脳梗塞、心筋梗塞……。恐ろしすぎます。

糖尿病には、1型、2型があります。

1型は、インスリンが分泌されなくなることで発症する。

2型は、**遺伝、過食、肥満、運動不足、ストレス**などが原因で発症する。

糖尿病の約九割は、2型だそうです。


〈Q．小中学生の「2型糖尿病」が増えているそうですが。

市原さん「最近では子どもの2型糖尿病が増えており、小学生までは1型糖尿病の方が多いのですが、中学生になると2型糖尿病の方が多くなります。

2型糖尿病は、食べ過ぎや運動不足による肥満によってインスリン抵抗性が強くなる（インスリンの効き目が弱くなる）ことに加え、インスリンの分泌能力が弱い遺伝的体質も影響しています。

成人の2型糖尿病は肥満でなくても発症しますが、**子どもの2型糖尿病のほとんどは肥満であると言われています。食生活の欧米化や運動不足による影響です**」〉

**子供の2型糖尿病が増えている。**

その理由は、ほとんどが**肥満**である。

肥満の原因は、**食生活の欧米化や運動不足**である。

〈Q．子どもが糖尿病になりやすい家庭の特徴や習慣を具体的に教えてください。

市原さん「血のつながった家族（祖父母、両親、きょうだいなど）に2型糖尿病の人がいると、本人も2型糖尿病になりやすい遺伝的体質であることが多いです。

さらに、**家族の中に肥満者が多い場合、子どもも同じ食習慣になるため肥満になりやすく、2型糖尿病にかかりやすくなります**」〉

〈市原さん「**親の習慣や家庭環境で子どもが2型糖尿病になるケースがほとんどです。子どもが肥満の場合、家族も肥満であることが多いです。**

家庭での外食の頻度が高かったり、食事量が多かったりすると、子どもも同じ食生活をすることになり、それが普通のことだと思ってしまいます」〉

ここまでの話を、まとめてみましょう。

まず、「食べ物が感情に影響を与えているのではないか」という話をしました。

真田町の大塚先生の観察だと、「朝食を抜いていること」が子供たちのイライラの原因だった。

そして、次に、岩村先生の研究を基に、日本人の食事が大きく変化していることに触れました。

変化した後の食事は、体によいものなのでしょうか？

食べ物が変わった結果、子供の生活習慣病が増えている。

例として、子供の糖尿病に関する、糖尿病専門医・市原先生のお話をご紹介しました。

**日本の食事は変化している。**

しかも、**「悪い方向」に変化している。**

そんな現実がみえてきます。

## ◉大変な日本の女性

「生活習慣病の子供が増えている」

「キレる子供が増えている」

その理由の一つは、「食生活」にある。

このような食生活になったことについて、真っ先に批判されるのは女性です。

女性の中でも、子供のいる母親ですね。

しかし、私は、リアリストなので、「最近の女性は、まったく！」とはいいませんし、思いません。

「なぜ女性は、料理をしなくなったのだろう?」と考えます。

考えてみれば、あるいはあまり考えなくても、理由はわかるでしょう。

そう、**女性が忙しくなったから**です。

なぜ忙しくなったのでしょうか?

そう、**女性も働くようになったから**です。

経済協力開発機構(OECD)によると、二五~五四歳の日本人女性の就業率は、七一・八%(二〇一五年)。

実に七割以上の女性が働いている。

子供をもつ女性の就業率は、五二%だそうです。

考えてみてください。

かつて、ほとんどの既婚女性は、専業主婦でした。

家事と育児をしていればよかった。

家事も大変、育児も大変です。

ところが今の女性は、家事も育児もこなし、さらに仕事もしている。
これ、冷静に考えると、「想像を絶する労働量」といえるのではないでしょうか？
時間がなければ、料理の時間を短縮しなければならない。
『残念和食にもワケがある』には、こんな言葉が並んでいます。
・白いご飯を出すと面倒（二二p）
ご飯を出すと、おかずを作らなければならないので、時間がかかる。
・味噌汁まで作っている時間がない（三〇p）
ビール、麦茶があれば、味噌汁はいらないそうです。
・「一汁三菜は理想的かもしれないけど、とても無理。できない」（四三p）
・「一汁三菜にすると食器をいろいろ出したりして運ぶのも洗うのも面倒くさいですよね」（四五p）
・（煮物が作られなくなったのは）「簡単に作れないから面倒」（六六p）
・「食べるのに手間がかかる魚は、面倒くさいから子どもに出したくない」（七五〜七六p）

・「グリルを汚すくらいなら、焼き魚なんてめったに食べなくていい」（七五p）

「時間がない」「面倒くさい」という言葉が、たくさん出てきます。
この言葉を聞いて、「最近の女性は、怠け者になった」というのは、違うでしょう。
女性の皆さんは、忙しすぎて、本当に時間がないのです。

「それなら、女性に仕事なんかさせるな！」

こんな意見も、出てくるでしょうか？

確かに、

・女性は、仕事をしているから忙しい
・食事作りがおろそかになる
・生活習慣病やキレる子供が増えている

ということになると、

・女性が専業主婦に戻れば、時間ができる
・しっかり食事作りに取り組む
・子供が心身共に健康になる

といったロジックを主張する人もいることでしょう。

しかし、「働きたい女性」に「働かせない」ことは、自由民主主義の国ではありえません。

それに女性には、「働かざるをえない理由」があるのです。

ＯＥＣＤの調査によると、**日本の女性が働いている理由の八六％は「家計のため」**だそうです。

こうなると、「国が今の給料分を毎月出してくれるのなら働かなくていい」という話になるかもしれない。

しかし、それは、財政的に不可能ですね。

そして、「忙しくても、がんばって健康にいい食事をつくれ！」というのも、なかなか難しいと思います。

私は、「がんばれば、なんとなる」とか、「気合を入れればなんとかなる」とか、「心頭滅却すれば火もまた涼し」とはいいません。
むしろ、現実離れした根性論が、日本停滞の理由だと思います。
結局、超忙しい日本のお母さんに変わってもらうことは難しい。

では、どうすればいいのでしょうか?
このままだと、日本の子供たちは、心と体に悪い物を食べつづけることになる。
彼らは、大人になっても、心と体に悪い物を食べつづけることでしょう。
そして、その「悪しき伝統」は、子供たちに引き継がれていきます。

日本は、「キレやすい大人」が支配する、「児童虐待大国」になってしまうのでしょうか???

## ◉何を食べればいいのか?

私たちは、日本の子供たちが心と体によい食べ物を食べ、すくすくと成長してほしいと願っています。
ところで、「心と体によい食べ物」とは、なんでしょうか?

予防医療コンサルタント・細川モモ先生と管理栄養士・宇野薫先生のベストセラー『成功する子は食べ物が9割』（主婦の友社）には、こうあります。

〈健康になりたければ「和食」を食べなさい〉（六二p）

〈ごはんが主食の一汁三菜の和食では、魚のDHAや大豆のレシチンなど、脳にとってよい脂質が多くとれ、野菜、海藻、きのこ、いもなどの栄養素を幅広くそろえられます。

また、納豆、みそ、かつお節などの発酵食品が多いので、腸内環境も自然にととのえることができます。〉（六二p）

既述のように、すでに日本では、パンの消費量が、コメの消費量を大幅に上回っています。ですから、「パンだって、別にいいのでは？」という反論が出るでしょう。

では、パンはどうなのでしょうか？

〈パンを主食にすると、必然的に合わせるものがマーガリンやマヨネーズなどになり、太りやすい脂質を選ぶことになります。

小麦（パンやうどん、パスタなど）が主食だと炭水化物に偏りやすく、和食のように

さまざまな栄養素がそろえられません。〉（同前）

これ、本当にその通りですね。

私たち夫婦も、時間がない時は、パンにジャムを塗って、娘、息子に出します。

それだけで子供たちは満足してしまう。

冷静に考えれば「栄養ないよな」と思います。

〈「和食って健康にいいんですか？」と言う人もふえていますが、**「健康になりたければ、和食を食べなさい」**と言いたい。

1日1食は主食をごはんに。

できれば**2食はごはんにするのが理想的です。**〉（六三p）

和食は体にいい。

このことは、わかっているのですが、時間がない。

では、どうすればいいのでしょうか？

## ◉プチ和食朝給食を導入せよ！

そこで私が提案したいのは、公立の保育園、幼稚園、小学校、中学校に、**「朝給食を導入しましょう」**ということ。

朝給食については、特に豪華なものを出す必要はないでしょう。

ご飯、味噌汁、魚あるいは卵、野菜少々ぐらいで十分だと思います（伝統的な一汁三菜の和食ではありませんが、ご飯、味噌汁必須ということで、**「プチ和食給食」**と呼びます）。

「朝給食」は、大変多くのメリットがあります。

まず、忙しいお母さんは、「朝食を作る時間が必要なくなる」ということ。

次に子供は、体にいい朝食を食べることで健康に育ちます。

今まで「朝食を食べていなかった子供」であれば、朝給食で成績があがるかもしれません。

さらに、大塚先生の経験によれば、「いじめが減る」効果があるかもしれません（詳しくは後述します）。

本当にそうであれば、学校側にも大きなメリットがあります。

そして、プチ和食朝給食は、日本国にも大きなメリットをもたらします。

というのは、子供の頃に食べるものは、「癖」「習慣」になる。

毎日学校で「プチ和食朝給食」を食べて育った子供は、成長した後も「朝は、やっぱりご飯と味噌汁だよな」となる可能性が高い。

和食の復活で、日本の生活習慣病が減るかもしれません。

## ◉モスクワで経験した「朝給食」の効果

「朝給食」の発想は、どこから出てきたのでしょうか？

実は、私が二八年住んでいたモスクワです。

ロシアでは、なんと保育園・幼稚園、小学校中学校、高校まで「朝給食」があるのです（細かい話をすると、ロシアには保育園と幼稚園の区別がありません。そして、小中高の区別もありません。日本でいう小中高は、すべて「シュコーラ」といいます）。

私の娘は、多くの子供同様、「あまり体によくないもの」が大好きでした。

それは、主に「甘い物」です。

妻が、体によいものを食べさせようとしても、断固として拒否するのです。

娘の状況が改善したのは、「幼稚園朝給食」のおかげでした。

モスクワの幼稚園では、もちろん「和食」は出ません。

しかし、子供の健康を考慮して、体にいいものが出されています。


主食は、「カーシャ」といいます。

これは、米、そばの実、燕麦《えんばく》などを牛乳に入れ、粥状にしたもの。

日本人の私は、「おいおい、米を牛乳に入れるな！」と強い違和感を感じましたが、ロシアの伝統食ですから、どうすることもできません。


家では、（食べることに関して）親のいうことをまったく聞かなかった娘も、幼稚園では、出されたものを食べるしか、選択肢がありません。

そして、親のいうことを聞かない小さな子供でも、他の大人のいうことは聞くのですね。

幼稚園に通いはじめた娘は、まともなものを食べるようになりました。

そして、家に帰ると、妻に「カーシャ作って！」というようになった。


この個人的な経験から、「朝給食は、絶対お勧めだ」と確信をもっていうことができます。

家ではわがまま放題で、まともなものを食べない子供も、学校ではプチ和食給食を食べる。

そのうち慣れて、土日は「お母さん、ご飯と味噌汁作って～！」と要求するようになるかもしれません。


忙しいお母さんにとって、「朝給食のメリット」は、主に「時間の節約」です。

さらに、金銭的メリットを加えれば、「朝給食お願いします！」となるかもしれません。

たとえば、一食二〇〇円、で月四〇〇〇円ならどうでしょうか？


「お母さん、朝ごはんを作る必要がなくなりますよ！

子供は、健康になり、成績もあがるかもしれない。

それに、なんといっても『お得』ですよ。

一食たったの二〇〇円です。

あなたの家のお子さんの朝食、いくらかかっているか、計算してみてください！」


といえば、「あら、ずいぶん節約できるわね。朝給食お願いしようかしら」となるかもしれません。

さらに、学童保育の小学生たちには、「**和食夕給食**」も出したらいいと思います。

ロシアの典型的な朝給食

朝給食を食べる小学生（給食は、教室ではなく食堂で食べる）

フルタイムで働くお母さんたちには、大いに感謝されることでしょう。

そして、日本国が得るのは、「米と味噌汁好きの、健康な子供」です。

彼らは、「米と味噌汁好きの、健康な大人」になることでしょう。

## ◉大塚式「給食改革」の奇跡

「プチ和食朝給食」と「和食夕給食」の導入は、「給食改革」といえるでしょう。

しかし、私は、日本の子供の心身を健康にするためには、さらに**「大塚式給食改革」**を実施するのがいいと考えています。

「大塚式」とは、前述、真田町の大塚先生の方式という意味です。

先生は、どんな「大改革」をされたのでしょうか?

大塚先生の学校の子供たちは、三八%が朝食を食べていない。

他の子供たちも、ほとんどは、菓子パン、ハム、ウィンナーなどを朝食べていたという話でした。

## ◉「食事が問題だ！」

このことを確信された大塚先生は、ＰＴＡの会合で「食の重要性」を訴えます。

しかし、親からいい反応は得られず、「家での食事改善はむずかしい」と判断せざるを得ませんでした。

先生は、「家でダメなら、**給食を変えるしかない！**」と決心します。

それまでの給食は、子供たちが大好きな「菓子パン」「揚げパン」「中華麺」「ソフト麺」「スパゲッティ」など。

米飯給食は、週に一回で、副食はお肉中心でした。

大塚先生は、これをどう変えたのでしょうか？

そう、週に五日米飯、つまり「**完全米飯給食**」を実行したのです。

その結果は驚くべきものでした。

まず、子供たちが**本を読むようになった。**

〈すると少しずつ、やがてはっきりと、子どもたちに変化が見えてきたのです。

まずは「読書の習慣」です。

荒れているときには、子どもはとうてい本を読む気になりません。

ところが給食内容を変えてしばらくしたところ、休み時間になると、子どもたちがみな図書館に行って本を読むようになりました。

給食が済むと、争うようにして本を読んでいます。

図書室に一二〇ある椅子が、瞬く間に生徒で一杯になりました。

椅子が満席になると、床に腰を下ろして読んでいます。

床が一杯になれば、廊下に出ても読んでいます。

これは、なかなか感動的な光景でした。

食の改善による影響が大きかったと思います。〉（『給食で死ぬ!!』三一p）

米飯給食にしたら、子供たちが本を読むようになった。

本を読めば当然、賢くなります。

目に見える結果もでてきました。


〈ところで一九五一年に始まった読売新聞社の「全国小・中学校作文コンクール」を

ご存じの方も多いでしょう。

米飯給食に変えてから起きたもう一つの変化は、生徒がこのコンクールに参加して、特に指導もしないのに、毎年のように全国で一位か二位に入選するようになったことです。

子どもたちの文章力がしっかり向上していました。

一位、二位に入選した子どもの作文は高度で、大人の私が読んでも筋がじつに複雑でした。〉（同前三二p）

大塚先生は、A中学校の校長を務めた後、真田町の教育長に就任されます。

影響を与えられる範囲が、A中学校一校から、町全体に広がったのです。

先生は、町の「給食改革」を決意しました。


ところで、子供たちが今まで食べていた給食は何が悪いのでしょうか？

まず、給食で出されるパンの中には、二〇日経っても腐らず、固くもならないものがある。

つまり、大量の防腐剤と軟化剤が使われていて、それを子供たちが食べている。

他にも、食材についていろいろ気づくことがありました。

たとえば、給食で出された大福やハムを試しにとっておいたところ、なんと三年経っても腐らなかったといいます。

大塚教育長は、「これはマズい」と思い、自分で小麦を手に入れ、パンを作ることにしました。

県内で小麦を購入し製粉、防腐剤、軟化剤を使わず、イーストだけ使った、試作パンを焼いてもらったのです。

するとパンはしばらくすると固くなり、カビも生えてくるし、腐ってくる。

先生は「これを給食に使えば安心だ！」と思います。

ところが、驚くべき事態が発生しました。

「地元の小麦」を使う場合、国は「補助金を出さない」というのです。

先生は、「輸入小麦には補助金を出し、日本の小麦には補助金を出さないなんて！」と憤ります。

しかたなくパンをあきらめ、お米を検討することにします。

全国各地のお米を購入、同じ条件下で放置して様子をみました。

先生が探していたのは、「コクゾウムシ」がわいてくるお米。

コクゾウムシがわいてくるお米は、「無農薬」だからです。

結局、地元の真田町のお米にムシがわいてきたのです。

そこで先生は、無農薬有機栽培で米を作ってくれるよう、地元の農家と契約を結ぼうとしました。

ところが、ここで再び国から邪魔が入ります。

なんと、「国が決めた米以外は補助金を出さない」というのです。

しかたなく、大塚先生は真田町の箱山町長に相談します。町長さんは、「国の補助金が出ないならその分を町で負担してもいい」と快諾してくれました。

こうして、給食への国の補助は打ち切られ、町の予算でお米を買うことになったのです。


大塚先生の給食改革は、町全体を巻き込んでいきます。

農協、農家、商店などに協力してもらい、米、野菜、大豆製品、果物が無農薬、あるいは低農薬で調達できるようになっていきました。

その結果、中学校で出される給食の九〇％は、無農薬・低農薬になったのです。


メニューの中身ですが、意図的に青魚を増やしました。

青魚には、脳の働きを活発にし、記憶力や学習能力を高める働きがあるＤＨＡ（ドコサヘキサエン酸）や、血液を浄化する働きのあるEPA（エイコサペンタエン酸）が多く含まれているからです。

また、毎日小魚を食べさせるようにし、カルシウム、鉄分を補給させました。

さらに給食の主食は、米飯に「発芽玄米」を混ぜるようにしました。

その理由は、発芽玄米に含まれる「ギャバ」が血をきれいにし、血管や内臓を丈夫にしてくれるからです。

さて、真田町の給食改革の結果はどうだったのでしょうか？

① アトピーの子供が激減した
② 非行が消えた
③ 不登校生徒がいなくなった
④ 塾に通う子が少ないのに、全国レベルでも高学力になった

「食事を変えたら、学力が上がった」例は、真田町のほかにもあります。

福井県小浜《おばま》市は二〇〇一年、全国で初めて、「食のまちづくり条例」を制定しました。

そして、地元でとれる魚、地場産の無農薬・低農薬野菜を多くした米飯の給食にしたので

す。その結果、小・中学校とも「学力が全国一高い市」になりました。

大塚式給食改革の内容をまとめてみましょう。

**・完全米飯給食にする**
**・無農薬、低農薬の食材を使う**
**・発芽玄米を入れる**
**・青魚を増やす**

これに前述の

**・プチ和食朝給食**
**・学童和食夕給食**

を加える。

さらに、

**・全公立中学、高校に完全米飯給食導入**

公立小学校は給食が普通ですが、中学校、高校に進むにつれ、給食は減り、お弁当の割合が増えるのですね。

これ、全部給食、しかも米飯給食にしたらいいと思います。

これらを全部あわせて、「**給食革命**」と呼びましょう。

給食革命で、働いているお母さんは、救われます。

子供たちは、心身ともに健康になり、学力は伸び、ひょっとしたらいじめも激減するかもしれません。

もちろんやってみなければ、どうなるかわかりませんが。

ですから、どこかの市で実験的に導入し、効果があれば全国に広げていけばよいでしょう。

## ◉給食革命は、日本の農家を救う

私が「給食革命」を主張するのは、「子供たちが心身共に健康に育つようにしたい」「忙しいお母さんたちを楽にしてあげたい」以外の理由もあります。

それは、「**日本の農家を助けたい**」です。

農業については、大きく二つの意見があります。

一つは、「食糧自由貿易論」。

「食糧も他の物と変わらない。完全自由貿易にすれば、日本人の食費は、ずっと安くなる」という考え。

もう一つは「食糧安保論」。

これは、「有事に備えて、自給できる体制を維持しておかなければならない」という考え。

私は、**「食糧安保論者」**です。

なぜ私は、食糧安保論者なのでしょうか？

理由は、外国が**「食糧輸出を止めたケースがあるから」**です。

しかも、そんなに大昔の話ではなく、わずか一〇年前のこと。

何が起こったか、思い出してみましょう。

二〇〇七～〇八年にかけて、穀物価格が急騰しました。

二〇〇六年初比で、世界の米価格は二一七％、小麦は一三六％、トウモロコシは一二五％、大豆は一〇七%上昇しています。

原因は、複合的で、一つだけあげることはできませんが、当時語られた理由をいくつか書いておきましょう。

**・バイオ燃料の流行**

本来食べ物であるサトウキビやトウモロコシ。

これが石油の代替燃料の「バイオエタノール」の原料として注目されたことで、世界的に需要が増大しました。

そのため、人間の食べる分が不足し、値段が上がったといわれています。

**・アジア経済成長による消費増加**

アジアでは経済成長によって人々の暮らしが豊かになり、肉類の消費が増加しました。

肉を食べる人が増えると、穀物消費も増えます。

なぜでしょうか?

肉の生産を増やすためには、家畜の数を増やさなければならない。

そのためには、大量の穀物(=エサ)が必要になる。

たとえば、豚肉一キロ生産するために必要な穀物は四キロ。

牛肉一キロを生産するために必要な穀物は一〇キロといわれています。

・**原油価格の上昇**

二〇〇八年、原油価格は一バレル一四〇ドル台まで上がりました。

これによって生産費、輸送費などが高騰し、穀物価格に影響を与えました。

・**自然災害**

当時、世界のさまざまな地域で、自然災害が起こっていました。

たとえばオーストラリア。

この国の小麦生産量は、豊作の年は二五〇〇万トンですが、干ばつの影響で二〇〇六年は一〇〇〇万トンを割り込んでいました。

・**金融投機**

私自身は、「これが一番の原因だろう」と考えています。

アメリカで住宅バブルがはじけたため、行き先を失った資金が、商品市場に向かい、原油価格や食品価格を異常な水準まで引き上げました。つまり、一種のバブル状態になっていた。

とまあ、いろいろあげられていますが、「何が真の理由なのか？」を考える必要はありません。というか、それこそ「いろいろな理由で」、というのが正解なのでしょう。

しかし、知らなければいけないのは、**「現実に、食糧危機が起こった」**という事実です。

その結果、何が起こったか？

多くの国で、**「暴動」が発生した**のです。

国名をあげると、ブルキナファソ、カメルーン、セネガル、モーリタニア、コートジボワール、エジプト、モロッコ、メキシコ、ボリビア、イエメン、ウズベキスタン、バングラデシュ、パキスタン、スリランカ、南アフリカ等々。


そして、ここからがもっとも重要。

二〇〇七～〇八年の食糧危機時、多くの国々が、**米や小麦の「輸出制限」や「輸出禁止」を実施した**のです。

これも、国名をあげておきましょう。ロシア、ウクライナ、中国、ベトナム、カンボジア、インドネシア、エジプト、ブラジル、バングラデシュ、インド、ネパール、カザフスタン、パキスタン、タンザニア、アルゼンチン。


このうち、ベトナム、カンボジア、インドネシア、エジプト、ブラジル、バングラデシュ、インド、ネパールが**米の輸出を禁止**しました。

ちなみに、輸出禁止をしたインドは、米生産世界二位の農業大国、インドネシア三位、バングラデシュ四位、ベトナム五位。

一位中国は、輸出禁止をしませんでしたが、制限はしました。

つまり、米生産一~五位までのすべてが、輸出制限あるいは輸出を禁止する非常事態が現実に起こったのです。

二〇〇八年、日本の食糧価格も高騰しましたが、大きな混乱は起こりませんでした。

なぜでしょうか？

そう、**日本の米自給率はほぼ一〇〇%（正確には二〇〇九年時、九五%）だから**です。

二〇〇七~〇八年に起こった世界的食糧危機。

この一つだけでも、「安い食糧がいつでもどこでも手に入る」という「食糧自由貿易論者」の主張が、いかに頼りないものであるか、ご理解いただけるでしょう。

今の世界貿易システムには大きな欠点があります。

ある国が「輸入制限」をする、たとえば高率の関税を課すなどすれば、WTOなどの決定により、罰せられます。

しかし、ある国が「輸出制限」しても、誰も何もできないのです。

たとえば二〇一〇年、「尖閣中国漁船衝突事件」後、中国はレアアースの対日輸出を制限しました。ところが、そのことで中国を罰することはできません。

同様に、食糧危機が起こり、穀物輸出国が自国の需要を優先させ、輸出を禁止しても、誰も何もすることはできません。

たとえ国際的なルールができたとしても、「自国民を飢え死にさせても、穀物を輸出する」という指導者はあまりいないでしょう。

いても革命で失脚するだけです。

私は何がいいたいのか？

**「穀物の輸出制限は、これからも起こる」**ということ。

これは、確実です。

ですから、日本は、**「自国民が飢えずに食べていけるだけの供給力」**を維持しておかなければならない。

## ◉日本の米農家に競争力がない理由

「食糧安保」でまず問題にされるのは、「米」です。

日本の米自給率は二〇一七年時点で、九六%。

すばらしい！


しかし、「日本の米市場を開放せよ！」という国際的圧力は、ますます高まっています。

それで、いつまで現状を維持できるかとても心配です。

もし日本の米市場が自由化されたら、日本の米農家は、サバイバルできるでしょうか？

私は、正直難しいだろうと思います。


日本の米農家に競争力がない主な理由は、二つです。


一つ目の理由は、「規模」です。

農家一戸当たりの平均農地面積（二〇一〇年）をみてみると、アメリカ一六九・六ヘクタール、ＥＵ一四・一ヘクタール、オーストラリア二九七〇ヘクタール、となっています。

同じＥＵ内でもバラツキがあります。

イギリスは七八・六ヘクタール、ドイツ五五・八ヘクタール、フランス五二・六ヘクタール、と比較的大規模で、欧州の穀物生産を支えています。

さて、日本はどうでしょうか？

なんと平均二・二七ヘクタール。

これは、EUの六分の一、アメリカの七四分の一、オーストラリアのなんと一三〇八分の一にすぎません。

これが、価格の違いに表れてきてしまいます。


もう一つは、人件費の違いです。

アメリカやオーストラリアと違い、アジアでは日本のような小規模農業が一般的。

しかし、人件費に圧倒的な差があります。

たとえば、ベトナムの米生産高は世界五位。

この国の一人当たりのGDPは二〇一七年、二三五三ドルです。

同年、日本の一人当たりのGDPは三万八四三九ドルで、約一六倍。


当然、ベトナムで作られる米の値段は、日本より圧倒的に安くなります。

こう書くと、必ず出てくるのは、「日本のお米はうまい！　どんなに価格差があっても、国民は国産米を買うはずだ！」という反論。

九〇年代「日本製品が中国製品に負けるはずがない。質が違いすぎる」という主張がありましたが、それと同じ言い方ですね。

しかし、結局日本人が作れるものは、中国人も韓国人も東南アジアの人たちもたいていい作れることが明らかになってきました（もちろん全部ではありませんが）。

外国産のお米が日本人の口に合わない。

「日本人の口に合うお米を作れば、必ず儲かる」とわかっている外国農家はどうしますか？そう、日本から専門家を呼び、「日本人の口に合うお米の作り方」を指導してもらうでしょう。

品種だって、日本人があまり食べないインディカ米（長細いお米）ではなく、日本人が食べるジャポニカ米（丸いお米）を作るに決まっています。

つまり、国際圧力に負け、日本が米輸入を完全自由化すれば、安くて日本産に劣らない品質の米が大量に入ってくる。

しばらくは、主婦の皆さんも、「安くておいしい米が入ってきて助かるわ！」と喜ぶかもしれません。

競争に負けていく日本の米農家を見て、食糧自由貿易論者は、「消費者はだれも困らない。むしろ米の値段が安くなって喜んでいる」などとはしゃぐことでしょう。

しかし、二〇〇八年の食糧危機が再来し、また主要米生産国が輸出を禁止すれば？

日本は、深刻な食糧危機になる。

そして、「ああ、あの時、農業と農家を捨てて失敗だった！」と嘆くことになるのです。

## ◉「洋食化」が、日本の食糧自給率を下げている

ここまでを整理すると、

・食糧危機が起こり、世界の国々が米輸出を禁止したことがあった
・だから日本は、有事の際に国民が飢えないだけの食糧供給力を維持しなければならない
・日本の米農家は、規模が小さく、人件費が高いため、国際競争力がない
・だから市場が完全開放されれば、安い輸入品には勝てないだろう

という話でした。

どうすればいいのでしょうか？

考えてみましょう。

「日本の農業は悲惨だ、悲惨だ！」といわれます。

しかし、細かくみていくと、現状を維持できればそれほどひどい状況ではないことがわかります。

農水省のデータによると、日本の食糧自給率は二〇一七年、カロリーベースで三八％、生産額ベースで六五％。

品目別の自給率をみると、
米九六％、いも類七四％、野菜七九％、果物三九％、肉類五二％、牛乳・乳製品六〇％、魚介類五二％。

悪くない数字が並んでいます。

右にあげた数字だけみれば、二〇〇八年のような危機が起こっても、国民は飢えずに暮らせるでしょう。

では、自給率の低い農産物はどんなものでしょうか？

小麦一四％、豆類八％。

さらに気になること。

「日本は、食糧自給率が低い、低いと大騒ぎしているわりに、なんで四八年間も米の『減反政策』をしていたのだ？」（二〇一八年に、減反政策は廃止されました）

これは、米の需要が年々減りつづけていることが理由です。

国民一人が一年当たりに食べるお米の量の平均は、ピークだった一九六二年の一一八・三キロから、二〇一三年には五六・九キロまで減少。

つまり、なんと半分以下になってしまった。

それで、米を作っても余るため、政府は「減反政策」を続けざるをえなかった。

では、日本人の食べる量が一九六二年から半分になったかというと、もちろんそんなことはありません。

要するに「米以外のもの」を食べるようになった。

何を？

わかりますね。


「洋食」を食べるようになった。

つまり、日本人は、「欧米人と同じものを食べるようになってきた」。

欧米人は今、「健康にいい！」といって和食を食べている。

一方で、日本人は洋食を食べている。

洋食といえば、パンです（「パンの消費量が二〇一一年、米の消費量を超えた」という話は、もうしました）。

既述のように、パンの原料となる小麦の自給率はたった一四%。

日本では、「外国産小麦からできるパンの消費量」は増えつづけ、「国産米の消費量」は減りつづけている。

どうすればいいのでしょうか?

**米の消費を増やせばいい。**

それで、「**給食革命**」なのです。

もう一度、「給食革命」の内容をおさらいしてみましょう。

- **完全米飯給食にする**
- **無農薬、低農薬の食材を使う**

**・発芽玄米を入れる**
**・青魚を増やす**
**・プチ和食朝給食**
**・学童和食夕給食**
**・全公立中学、高校に完全米飯給食導入**

このうち、「完全米飯給食」「プチ和食朝給食」「学童和食夕給食」「全公立中学、高校に完全米飯給食導入」は、ダイレクトに「米消費量」を増やします。


「たかが給食」ですが、「されど給食」。

なんといっても、子供の数は、一学年に約一〇〇万人いる。

小学校六年、中学三年、高校三年で、約一二〇〇万人もいる。

もちろん、私立小中高で、給食革命をするのは難しいでしょう。

しかし、公立学校でやるだけでも、巨大な変化が起こるはずです。


そして何よりも、学校で米を食べて育った子供たちは、卒業後も米を食べつづけることでしょう。

そもそも日本人がパン食になったのは、戦後の学校給食が原因でした。

パン給食で育った層は、学校卒業後もパンを食べつづけている。

それなら、米飯給食で育てることで、日本の米需要は増加に転じることでしょう。

日本の米市場が開放されたら、おそらく日本の米農家は負けるという話でした。

確かに、一般人に、「三倍高い国産米を買いなさい！」とは命令できません。

しかし、学校給食なら、「国産米を使いなさい」と指導できるはずです。

「給食革命」は、日本が国際圧力に負けて、米の輸入が完全自由化させられた時の防波堤になる。

さらに、米需要の増加は、農業の衰退を食い止めることでしょう。

## ◉農村を大復興させる方法

第三章で、「地方から東京圏に人が移動している」という話をしました。

そして、「東京圏から地方に人を戻す方法」について考えました。

当然、「農村からの人の流出問題」も深刻ですね。

農林水産省のデータによると、農村人口は一九七〇年、四八六六万人でした。それが二〇一五年、四〇六二万人まで、四五年で八〇三万人減少しています。六五歳の高齢者が占める割合は、一九七〇年時点で八・七％、二〇一五年時点で三〇・六％まで増加しました。

どうすれば、人を農村に呼び込むことができるのでしょうか？
まず大前提として、「農業は、安保」なので、「資本主義の枠内に全部入れてはダメだ」という意識が必要です。

そして、農家が安定した収入を得ることができる方策が必要でしょう。
たとえば、日本は、台風が異常に多い。
台風で被害を受けた農家には、十分な収入の補てんが必要です。

さらに私は、「**農村を、エネルギー生産の大拠点にすればいい**」と思います。
農村の問題はなんでしょうか？
若者がどんどん、都市に流出していくことです。
しかし、農村には、圧倒的な長所もある。

それは、なんでしょうか？

そう、**農村には、「土地がたっぷりある」**のです。

国は、農村について「農業をする村」とだけ考えずに、**「エネルギー生産拠点」**と考えればいい。

これ、「素人のファンタジー」と思いますか？

では、農林水産省二〇一八年五月一五日のプレスリリースを見てみましょう。


〈担い手の所得向上等による農業経営の更なる改善を促進するため、営農型太陽光発電設備の設置に係る農地転用許可制度の取扱いを見直すとともに、その他、優良事例の周知等、営農型太陽光発電の促進策を発表します。

営農型太陽光発電は、営農の適切な継続をしながら発電事業を行うことで、作物の販売収入に加え、売電による継続的な収入等による農業経営の更なる改善が期待できる取組手法です。

これまで、営農型太陽光発電については、太陽光パネルを支える支柱を立てる農地について一時転用期間を三年とし、営農に問題が無ければ再許可を可能とする仕組みでした。今後、担い手が営農する場合や荒廃農地を活用する場合等には、一〇年に延長します。

その他、優良事例の周知等、その促進策を取りまとめました。

これらにより、担い手の所得向上や荒廃農地の解消につながる取組を後押ししていきたいと考えています。〉

農林水産省が、**「農業と売電によるダブルインカムで行け！」**と推奨しています。

これについて私は、「二段階の方策」が必要だと考えます。

一つは、専業農家に、太陽光発電、風力発電、小型水力発電をプレゼントする。

そして、売電収入は、専業農家が受け取ります。

もう一つは、「農村のある自治体」に、太陽光発電、風力発電、小型水力発電、バイオ火力発電施設などをプレゼントします。

「余っている土地は、全部発電に使おう！」ぐらいの勢いで、どんどん発電設備を設置していく。

そして、売電収入は、「農村のある自治体」が得るようにする。

ただし、国は、農村に発電施設を与える際、条件をつけます。

それは、「得た収入で、東京圏から人が引っ越してこられるよう、インフラを整える」こと。


たとえば、農村は土地が安いので、「東京圏から引っ越してきたら、家をプレゼントしますよ」とすることもできるでしょう。

農業の素人《しろうと》が来るでしょうから、無料の農業教育、支援、サポートも不可欠ですね。

また、農地をプレゼントすることもできるでしょう。

引っ越してきた人には、太陽光発電、風力発電をプレゼントして、すぐに収入を得られるようにすることもできるかもしれません。


第三のキーワードは、「格差解消」でした。

国が耕作放棄地を「エネルギー生産拠点」に変え、その収入を農村自治体に与えることで、**「豊かな農村」**が実現します。


そして、エネルギー自給率が、たった八％の日本。

全国に四〇万ヘクタールあるといわれる耕作放棄地を「発電施設」に変え、有効利用することは、日本のエネルギー自給率アップにも、大きく貢献することでしょう。

# 第五章　少子化問題を解決する方法

## ◉ロシアで出生率が上がっている理由

「え～～、そんなに安いの⁉」

私は、卒倒しそうになりました。

つづいて、「そういうことだったのか！！！」と叫びたくなりました。

「ロシア最大の謎がとけた！」と思ったからです。


妻の親友スヴェータさんは、とんでもなく善良な女性です。

私の家と同様、子供が二人いる。

わが家同様、上が女の子、下が男の子。

それで、家族ぐるみのつきあいをしています。


彼女のダンナさんは、仕事で苦労していました。

彼は、もともと外食業界にいた人です。

レストランを何軒も統括する敏腕マネージャーとして、バリバリ働いていた。

しかし、リーマンショックによる「二〇〇年に一度の大不況」でリストラされてしまった。

その後、同業の仕事を探しましたが、世は大不況の真っ最中。

一年経ってもみつからず、貯金が底をつきかけてきた。

妻子を養うために、彼はタクシーの運転手になりました。

収入は、レストランで働いていた時よりだいぶ減ったそうですが、彼もスヴェータさんも善良で、子供たちは幸せそうです。


三年ぐらい前でしょうか。

スヴェータさんが家に遊びに来た時、「**郊外に家を買ったの**」といいました。

この場合、「郊外に家を買って引っ越す」という意味ではありません。

モスクワ市民の多くは、「ダーチャ」と呼ばれる郊外の別荘を持っている。

夏の間、週末は自然の多いダーチャに行って過ごすのです。

スヴェータさんが「家を買った」というのは、「郊外に別荘を買った」ということ。

私は、「よかったな～」と思いました。

ここ数年、彼らは経済的に苦しかったので、「好転してきたのだな」と思ったのです。

スヴェータさんの親友である私の妻は、遠慮なくディテールを聞きに行きます。

move.ru
10 лет вместе

move.ru

モスクワ郊外で売られている別荘の広告
条件は、「別荘（家）の敷地面積：35平米、土地：600平米、位置：モスクワ環状線から90キロ、値段：500000ルーブル（約100万円）

「郊外って、モスクワからどのくらいにあるの？」

「三〇〇キロ」

私は「ずいぶん遠いな」と思いました。

しかし、即座に「ロシアは、日本と違って広大だからな」と考え、黙っていました（今ネットで調べたところ、東京の渋谷から仙台市を一直線に結ぶと三〇六キロだそうです）。

ところが、親友である妻は、遠慮なく突っ込みます。

「ずいぶん遠いわね！」

スヴェータさんは、「そうなの」と答えます。

さらに妻は、ダイレクトな質問をします。

「モスクワから三〇〇キロの場所だと、家はいくらぐらいするものなの？」

**「四〇万ルーブル」**（**八〇万円！**）

私は、仰天しました。

「安すぎる！」

とても驚いた後、私は、ここ数年間時々考えつづけてきた「謎」の答えが見つかったことに気がつきました。

**「そうか！　ロシアで出生率が上がっている理由は、これだったんだ！」**

## ◉日本で一般化する「暗黒の未来イメージ」

普段モスクワに住み、一年に一回帰国していた私は、日本の変化を敏感に感じます。

皆さん、毎日みている自分の家族については、ほとんど変化に気がつかないでしょう？

ところが、たまにしか会わない親戚、友人、知人の変化は、よくわかります。


「兄の子、一年見ないうちに、大きくなったな～」

「あれ？　○○君は、ずいぶん太ったぞ」

「○○さんは、白髪が増えたな」


などなど。

それと同じで、私はたまにしか「生日本」を見ないので、その変化を感じることができる。

ここ五年ぐらいでしょうか。

私は、大多数の日本人が**「お先真っ暗な未来」**という**「ビジョン」**を共有していることに気がつきました。

そのほとんど唯一の理由は、**「少子高齢化」**です。

日本人のほとんどは、「少子高齢化」を、「絶対に解決できない問題」と認識しているようなのです。

しかし、本当にこの問題は、「解決不可能」なのでしょうか？

私は、そう思いません。

世界を見渡せば、「出生率を劇的に上げた例」もあるのですから。

## ◉『未来の年表』の衝撃

二〇一七年六月、衝撃的な本が発売になりました。

河合雅司先生の『未来の年表――人口減少日本でこれから起きること』（講談社現代新書）

です。

大ベストセラーになっているので、ご存知の方も多いでしょう。

この本には、少子高齢化が進む日本でこれから起こることが、時系列で記されています。

少しご紹介しましょう。

・二〇一六年、年間出生数が、初めて一〇〇万人を割った
・二〇一七年、「おばあちゃん大国」に変化。いまや日本人女性の三人に一人は六五歳以上
・二〇一八年、国立大学が倒産の危機。すでに四〇%超の私立大学が定員割れ
・二〇二〇年、女性の二人に一人は五〇歳以上に。「出産できる女性」が激減する日本
・二〇二二年、「ひとり暮らし社会」が本格化する。独居世帯は三分の一超。ひとり暮らしをする貧しい高齢者の急増が大問題に
・二〇二四年、三人に一人が六五歳以上の「超・高齢者大国」へ
・二〇二五年、ついに東京都も人口減少へ
・二〇二六年、認知症患者が七〇〇万人規模に
・二〇三三年、全国の住宅の三戸に一戸が空き家になる
・二〇三五年、「未婚大国」が誕生する。男性の三人に一人、女性は五人に一人が生涯未婚

・二〇四〇年、自治体の半数が消滅の危機に
・二〇四二年、高齢者人口が約四〇〇〇万人とピークに
・二〇五〇年、世界的な食糧争奪戦に巻き込まれる。日本が人口減少する一方、相変わらず世界人口は増えつづけて約一〇〇億人に

とまあ、「暗黒の未来予測」が語られています。
そして、「人口減少カレンダー」の最後は、

・二〇六五年、外国人が無人の国土を占拠する

私たちは、いったいどうすればいいのでしょうか？

## ◉出生率を短期間で劇的に高めたロシアの方法

一九九九年、ロシアの人口は、「年間七〇万人」という超スピードで減少していました。「このままだとロシアは消滅する」と、マジメに心配している学者もたくさんいたのです。

この年、ロシアの合計特殊出生率は、なんと一・一六だった。

ところが、**二〇一二年は一・六九、一三年一・七一、一四年一・七五、一五年一・七五！**

死亡率の低下も手伝って、人口が「自然増加」し始めている。

これに関する記事をみてみましょう。

〈**ロシアの出生率　記録更新**（二〇一五年六月一九日 Sputnik日本）

ロシア保健省は、ロシアの二〇一四年の出生率が、過去最高となったと発表した。

二〇一三年の出生率は、一九九〇年代以降初めて死亡率を超えたが、二〇一四年はさらによい結果が出た。

自然増加数は三万三六〇〇人で、死亡率も低下している。

ロシアでは二〇一四年、出生率が前年比〇・八パーセント増となり、出生数は一九二万九七〇〇人から一九四万七三〇〇人となった。

これは、**新生ロシア史上、最高値だ。**〉

「少子化問題」に苦しむ日本としては、「**どうやって出生率を高めたの？**」と聞いてみたいですね。

その秘密の一つは、「**母親資本**」（**マテリンスキー・カピタル**）という制度です。

「母親資本」とはなんでしょうか？

要は、**「子供を二人産んだ家族は、大金がもらえる」**という制度。

導入されたのは二〇〇七年ですが、当時「平均年収の二倍分もらえる」という話だった。

日本の感覚でいうと、「子供二人産んだら八〇〇万円もらえる」という感じでしょう。

しかし、もらうお金の「使い道」が決められている。

主に、

・住宅関係（住宅の購入、修繕など）
・教育関係（子供の教育費）

二〇一五年度の「母親資本額」を見ると、四五万ルーブルでした。

日本円で、九〇万円程度です。

「九〇万円もらえるなら、子供二人産むわ！」

日本人の感覚では、ちょっと想像できないですね。

それで私は長年、「母親資本は効果なし」と思っていた。
しかし、実際出生率は上がっているわけで、「なぜだろう？」と疑問に思っていたのです。
ところが最近、「モスクワから三〇〇キロ離れたところに家を買った」という人に会い、考えが変わりました。（前述）

「家いくらしたの？」と私の妻が聞いた。

**「四〇万ルーブル」**（八〇万円！）

この会話で私は、悟りました。

「そうか、**母親資本九〇万円は、田舎の人にとって大金なのだ。**
それで、**家が買えるほどの」**

要するに、**「子供を二人産むと、家を買える」**から、**出生率が上がっている。**
もちろん、「母親資本」が唯一の理由とはいいません。

しかし、これが「大きな動機」になっていることは間違いないのです。

## ◉「母親資本」を日本風にアレンジすると

とはいえ、「九〇万円」日本でもらっても、それで「子供二人産みましょう」とはならないでしょう。

日本で「家が買える金額」といえばいくらでしょう？

東京など大都市ではもちろん無理ですが、たとえば私の実家がある長野県松本市近郊なら、二〇〇〇万円ぐらいあれば、まともな家が建ちます。

ですから、

**「三人子供を産んだ家庭には、住宅購入資金二〇〇〇万円まで支援します」**

とすれば、「じゃあ、そうします」という家庭も増えるのでは？

**「財源どうするんだボケ！」**

そんな声が聞こえてきます。

別に二〇〇〇万円、一括でその家族にあげなくてもいい。

「住宅購入資金のローン（たとえば三〇年）を、二〇〇〇万円まで国が肩代わりします」

そうすれば国は、三〇年かけて、三人子供を産んだ家庭に代わって、ローンの返済をしていく（金利一％で三〇年返済すると、総額は二三〇〇万円強になりますが、金利分も国が出せばいいでしょう）。

すると、「三人子供を産んだ一家庭」につき、国の月々の負担は、月七万円ぐらいでしょう。**子供一人当たりの支援額は、月二万三三三三円**となります。

これなら「財源どうするんだボケ！」という人も、「非常に現実的なプランです」となるでしょう。

これを実行すると、関わる人みんなにメリットがあります。

・三人産んだ家族＝夢のマイホームが手に入って幸せ
・銀行＝国が払ってくれるので、とりっぱぐれない
・国＝出生率が劇的に高まり、未来は安泰

繰り返しますが、これは、ロシアの出生率を一・一六から一・七五まで高めた、**「効果実証済み」**の方法です。

政府は、迷うことなく実験を開始してほしいと思います。

## ◉右も左も、少子化問題解決で協力しなければならない

この話、「社会主義的だ！」「左翼的だ！」と生理的に受けつけない人もいるでしょう。

しかし、「新自由主義」的に放置していたら、少子化は止まりません。

私の話に嫌悪を感じた人のために、世界最高の戦略家といわれるエドワード・ルトワック氏の話を紹介しておきます。

ルトワック氏は、最新刊『日本4・0』（文春新書）の中で、「少子化問題」を日本最大の問題の一つと位置づけています。

少し引用しておきましょう。

〈日本は長年、少子化問題を議論しながら、人口減少という国家にとって真の危機を間近にしても、思い切った施策を打ち出そうとしていない。

そもそも将来の納税者が減少すれば、近代国家は衰退するしかないのだ。〉（二二、二三p）

親日家のルトワック氏ですが、この問題については、日本政府を強く批判しています。

〈もうひとつ、子どもがいなければ、安全保障の議論など何の意味もないということだ。人間の人生には限りがあり、未来は子どもの中にしかない。

当然、国家の未来も子どもの中にしかなく、それを守るために安全保障が必要なのである。

どんなに高度な防衛システムを完成させても、国内の子供が減り続けている国が戦争に勝てるだろうか？

未来の繁栄が約束されるだろうか？〉（二三p）

そしてルトワック氏は、少子化解決のための具体的方策も提案しています。

〈もし日本が本当に戦略的な施策を打ち出すのであれば、最も優先されるべきは、無償のチャイルドケアだろう。
スウェーデン、フランス、イスラエルは、高い水準のチャイルドケアシステムを整備し、実際に子供が増えている。〉（二三、二四p）

〈まずは不妊治療の無料化。イスラエルはこれを一〇〇％実施している。
次は出産前の妊婦が必要とする諸費用、出産費用、さらに小学校に行くまでのチャイルドケアの費用を国が負担することである。〉（二四p）

これらの施策も「社会主義的だ！」と批判する人がいるでしょう。ルトワックさんは、「極端に保守化した人たち」を批判します。

〈高齢化が行き着くと、国内の雰囲気は保守化し、悲観的になる。

未来のことを考えない近視眼的な思考がはびこるようになるのだ。

私は日本の右派の人々に問いたい。

あなたが真の愛国者かどうかは、チャイルドケアを支持するかどうかでわかる。

民族主義は国旗を大事にするが、愛国者は国にとって最も大事なのが子どもたちであることを知っているのだ。〉（二四p）

## ◉少子化問題解決への投資は、リターンが高い

子供について、「金がらみ」の話をするのは、気が引けます。

しかし、何をやるにも「国の金」。

もともとは「納税者の金」ですから、真剣に考えないわけにはいきません。


考えてみてください。

三人子供を産んだ家庭に、国は二〇〇〇万円を与える。

「与える」といっても、二〇〇〇万円の借金を三〇年かけて肩代わりする（既述のように、金利一％で三〇年返済だと、総額は二三〇〇万円になります）。

月の支援額は約七万円、子供一人当たり二万三〇〇〇円強であるという話でした。


この三人の子供たちが順調に育ち、成人し、就職したとしましょう。

三人とも普通に就職して、普通に勤めたとする。

日本人の平均年収は、四〇〇万円強。

しかし、健康保険料、厚生年金保険料、雇用保険、所得税で、だいたい七〇万円は、国に戻ってくる。

一人七〇万円ですから、三人で二一〇万円。

彼らが、大学を卒業して二二歳から六〇歳まで働くとすると、二一〇万円×三八年＝七九八〇万円、国に支払ってくれます。

国が二〇〇〇万円（金利分も入れると二三〇〇万円）支援したら、リターンは七九八〇万円だった。

これは、「とんでもなくおいしい投資だ」といえるのではないでしょうか？

もちろん、三人全員が「三八年正社員で働く」とは限りません。

一・五人は女性で、結婚して専業主婦になるかもしれない（女性の七割が働いている現状を考えれば、ありえなさそうなシナリオですが）。

一・五人で計算すると、七〇万円×一・五×三八年＝三九九〇万円。

これでも、二倍近いリターン率です。

既述のように、「三人産んだ家庭には、住宅購入資金二〇〇〇万円まで肩代わり」という方策は、返済期間を三〇年に設定することで、現実的になります。

そして、その投資は、二～四倍のリターンを国にもたらすことでしょう。

## ◉重要なのはイメージを変えること

この章のはじめにも書きましたが、日本人の多くは今、「暗黒の未来イメージ」をもっています。

誰もが「少子高齢化問題は解決不可能」と固く信じているのです。

確かに、「高齢化問題」は、誰もが歳をとるので、解決は難しいでしょう。

しかし、「少子化問題」は、「**解決可能な問題**」です。

日本人が今するべきなのは、まず第一に、現状を知ること。

第二に、「このまま何も変わらなければ、どういう未来が待っているのか」をはっきり知ることです。

この二つを知るために、『未来の年表』を読むことをお勧めします。

次にすべきことは、大部分の日本人がしているように「暗黒の未来を受け入れること」ではありません。

**「解決策を考えること」**です。

どうやって？

一番わかりやすいのは、海外の例を参考にすることでしょう。

私は、ロシアの例をお話ししました。

ルトワックさんは、スウェーデン、フランス、イスラエルの例を書いています。

（ちなみにスウェーデンの出生率は、一九九九年一・五、二〇一六年一・八五。フランスは一九九九年一・八一、二〇一六年一・九六。イスラエルは一九九九年二・九七、二〇一六年三・一一！）

広い世界を見れば、「出生率が高い国」「出生率が下がっていたが、後に上がった国」もある。

それらの国の例を参考にして、方策を考え実行する。

そう、**「少子化問題は、解決可能」**なのです。

最大の問題は、政府がこの問題を「最重要課題である」と認識していなかったことでしょう。

しかし、幸い状況は変わってきているようです。

安倍内閣は、まず「金融緩和」によって、景気回復を実現させました。

そして、「集団的自衛権行使」を認める「安保関連法」を成立させました。

その次に「働き方改革法」を成立させた。

二〇一八年一〇月、自民党総裁選に勝利し、第四次内閣を発足させた安倍総理は、談話を出しました。その中に、こんな一文があった。

〈日本がまさに歴史の大きな転換点を迎える中で、今こそ、未来を見据えて、平成の、その先の時代を切り拓く時です。

**国難とも呼ぶべき少子高齢化に真正面から立ち向かい、**一億総活躍の新たな国づくりを推し進めます。

**未来を担う子ども達、子育て世代に大胆に投資するとともに、**高齢者の皆様がいくつになっても活躍できる社会を実現することで、全ての世代が安心できる社会保

障制度へと改革を行ってまいります。〉

「少子高齢化」を「最優先課題」にもってきました。

私は、この談話を読み、「ようやく正しい方向に動きはじめた！」と歓喜したのです。

繰り返しますが、「少子化問題は解決可能」です。

その条件は、

**①　政府が「少子化問題解決は最重要課題だ」と自覚すること**
**②　海外の成功例を参考に、成果のあるプランを立案すること**
**③　実行すること**

これだけです。

私たち国民は、日本政府に、「少子化問題なんとかしてください！」と強く要求していきましょう。

明るい未来のために。

# 第六章

# 和ァームジャパン戦略

ここまでは、国内の改革について書いてきました。

最後の章では、外国とのつきあい方についてお話しします。

（この章で書くことは、「ドロドロ世界情勢」とはあまり関係がありません。世界の「ダークサイド」に関心がある方は、前著『中国に勝つ 日本の大戦略』［育鵬社］をご一読ください）

## ◉ロシア人女性英語教師が涙した理由

私は一九九六年、ロシア外務省付属モスクワ国際関係大学の修士課程を卒業しました。

英語の最終試験で起こったこと、二〇年以上経った今でも、はっきりと覚えています。

今はどうかわかりませんが、当時英語の最終試験は、口頭が主でした。

私には、こんな課題が出されました。


「ある国について。

実際その国に行ってみなければ、本当には理解できないと思いますか？

なぜそう思うのか、話してください」

私は、「実際に行ってみなければ、理解できないと思います」と、まず結論をいいました。つづけて、根拠を語ります。

「私は一九九〇年、日本人としてはじめてこの大学に入学しました。

一九歳で留学を決意した時、たくさんの知人、友人が反対しました。

日本では、『ソ連は恐ろしい共産国家で、悪の帝国だ』という意見が一般的だったからです。

しかし私は、『ソ連で何が起こっているか見てみたい』と強く思い、モスクワにやってきました。

そして、とても驚いたのです。

というのは、日本で聞いていたのとは違い、ロシア人は皆『親日』だったからです。

出会うすべての人が親日で、私が日本人であるというだけで、優しくしてくれました。

私は、日本で聞いていた『ロシア像』と実際の『ロシア』があまりにも違うことに驚きました。

ロシア人のほとんどは、親日であるだけでなく、心の優しいすばらしい人たちです。

私は、自分自身の経験から、『ある国の真実は、そこに行ってみなければ理解できない』と確信していいます！」

答え終えて、私は仰天しました。

試験官は、女性の英語教師四人。

なんと、彼女たちは、私の答えを聞いて涙ぐんでいたのです。

一人の先生は、「涙ぐんでいる」というよりは、「泣いている」という感じでした。

どうも私の回答に、感動したようなのです（話した内容がよかったからか、「5」をもらいました）。


私は、今目の前で起こった現象について、「ロシアの人たちも、世界で認められず、つらい思いをしているのだな」と感じました。

そして、直接的、間接的に「**あなたの国はすばらしい！**」「**あなたの国が好きだ！**」と**表現することのパワー**を実感したのです。

## ◉「和ァームジャパン」とは

日本の魅力を海外に発信する「クール・ジャパン戦略」。

国民の間で、よく知られるようになりました。

二〇一〇年、経産省に「クール・ジャパン室」が設置された。

二〇一三年には、「クール・ジャパン機構」（正式名称＝「海外需要開拓支援機構」）が設立された。

すばらしいことです。

どんな会社でも、「私たちは、こんな会社です」「私たちの製品には、こんな特長があります」と宣伝しなければなりません。

ですから、日本の魅力を伝えることは、わが国にとってよいことです。

しかし、私は、「クール・ジャパン」と共に「**和ァームジャパン**」も必要ではないかと考えています。

「**和ァームジャパン**」とはなんでしょうか？

その名のとおり、「**あたたかい日本**」という意味です。

もちろん、「気温があたたかい」という意味ではなく、「心があたたかい」という意味。

なぜ「ワァーム」ではなく「**和ァーム**」なのでしょうか？

ある人の心があたたかいかどうかは、傍から見ていてもわかりません。

しかし、心のあたたかさは、二つの現象として、表れてきます。

一つは、「言葉」です。

**心のあたたかい人の言葉は、あたたかいのです。**

もう一つは、「行動」です。

**心のあたたかい人の行動は、あたたかいのです。**

そして、**心のあたたかい人の言葉と行動は、周囲に「和」をもたらします。**

日本は、「和を以《も》って貴しと為《な》し」でしょう？

**日本は、その言葉と行動をもって、世界に「和」をもたらすのです。**

「**和アームジャパン**」とは、「**世界に和をもたらす、あたたかい日本**」という意味です。

もう少し具体的にみてみましょう。

## ◉「あなたの国が好きだ！」ということの効果

皆さん、海外の芸能人で好きな人はいますか？

私には、たくさんいます。

中でも、アイルランドの癒し系歌手エンヤさんの大ファンです。

私が高校生だった頃好きになり、すでにファン歴三〇年以上になります。

なぜ私は、エンヤさんが好きなのでしょうか？

一番は、やはり音楽がすばらしいからです。

二番目は、**エンヤさんが、「日本好き」**だからです。

ユーチューブの動画で、彼女がしばしば日本を訪れ、着物を買っていることを知りました。

その事実を知った時、私の「エンヤ愛」は、大いに強まりました。


ところで皆さん、台湾を好きではないですか？

私は、好きです。

しかし、「なぜ私は台湾が好きなのだろう？」と考えます。

私が学んだモスクワ国際関係大学には、シェリーさんという台湾人がいました。

実家の向かいには、日本人（夫）と台湾人（妻）の夫婦がいました。

今も、斜め向かいに、台湾人の親子が住んでいます。

その他、さまざまなシチュエーションで知り合った台湾人たちもいて、皆さん気持ちのいい人たちばかりでした。

とはいえ、「あなたは台湾のこと詳しいですか？」と聞かれれば、「そうです」とはいえません。

では、なぜ私は、台湾が好きなのか？

おそらく、**「台湾人は親日である」と知っているから**でしょう。

電通の「ジャパンブランド調査二〇一八」によると、「日本のことが好きな国ランキング」で、台湾、タイ、フィリピン、ベトナムが同率一位だそうです。

中でも、台湾の親日ぶりは有名ですね。

一方で、日本嫌いを公言しているだけでなく、「反日プロパガンダ」を世界中で行っている国もあり、日本人から嫌われています。

当然でしょう。

しかし、私がいいたいのは、そんな隣国の悪口ではありません。

**「あなたの国が好きだ！」と公言することの効果です。**

「クール・ジャパン」では、日本の魅力を発信することで、「日本好きになってもらうこと」を目指します。

**「和ァームジャパン」では、「あなたの国が好きだ！」ということで、「日本好きになってもらう」のです。**

もちろん、「あなたの国が好きだ！」と「ずばりそのまま」いう必要はありません。

たとえば安倍総理は二〇一五年四月、アメリカ議会における演説で、こんなことをいいました。

〈米国が世界に与える最良の資産、それは、昔も、今も、将来も、希望であった、希望である、希望でなくてはなりません。〉

総理は、**「アメリカは、世界に希望を与える存在である！」**と宣言した。

議会では涙ぐむ人たちもいた。

オバマさんも大喜びで、**「歴史的訪問に感謝する。日米関係がこれほど強固だったことはない」**とツイートしました。

安倍総理は、「日本はすごいんだぜ！」と宣言したのではなく、**「アメリカは世界の希望だ！」と褒めることで、アメリカから愛される存在にな**ったのです。

私が主張しているのは、まさにこのことです。

## ◉大切な国に「好きです！」といおう

この話、どうやって日本の国益に活かしたらいいのでしょうか？

「人類皆平等」といいます。

しかし、「あなたにとって」、人類は「皆平等ではない」はずです。

たとえば、自分の親や奥さん、ダンナさんががんにかかったのと、外国の知らない人ががんになったのとでは、受け取り方が違うでしょう？

また、あなたにとって「すべての会社は平等だ」とはいえないでしょう。

ライバル会社の業績が下がっても、あまり気にならないし、逆に「わが社には追い風だ」などと思うかもしれません。

国はどうでしょうか？

「すべての国は平等だ」といいます。

しかし、日本国にとって、「より重要な国」というのが存在します。
どんな国でしょうか？

一番大切な外国は、いうまでもなく日本の**軍事同盟国アメリカ**です。
この結論に反発する人もいるでしょう。

説明します。
日本には現在、「リアルな脅威」は、二つしかありません。

北朝鮮と中国です。

北朝鮮は、特に二〇一七年、核で日本、アメリカ、韓国を恫喝《どうかつ》していました。

もう一国は、中国です。
この国は、一九七〇年代に入ってから尖閣諸島の領有権を主張し始めました。
そして、二〇一〇年の尖閣諸島中国漁船衝突事件以降、「尖閣はわが国固有の領土であり、核心的利益である！」と宣言しています。

さらに、この国は、「日本には沖縄の領有権もない！」と公言しています（前著『中国に勝つ　日本の大戦略』で詳細に書きましたので、気になる方は、参考になさってください）。

何はともあれ、中国は、尖閣だけでなく沖縄も狙っている。

これは、大きな脅威です。


日本は他に、ロシア、韓国と領土問題を抱えています。

しかし、ロシアは北方四島を実効支配して満足している。

韓国は、竹島を実効支配して満足している。

つまり、ロシア、韓国には、日本と戦う理由がありません。

ですから、日中の領土問題と、日ロ、日韓の領土問題は、質的にまったく異なるのです。


どうすれば、日本は尖閣を守ることができるのでしょうか？

もちろん、自分で守る決意と準備は絶対に必要です。

しかし、事実としてアメリカとの関係が強固であれば、現状中国は手出しできません。


「安保はアメリカ頼り」

これは、「情けないこと」でしょうか？

「情けないこと」に違いありません。

しかし、まず第一に、日本は現状、核大国中国に勝つことができません。

通常兵器同士の戦いならわかりませんが、相手が核で恫喝してきたら、どうすることもできない。

第二に、アメリカに安保を依存しているのは、「日本だけ」ではありません。

たとえばNATOは、二九カ国からなる「巨大反ロシア軍事ブロック」です。

しかし、事実上、「アメリカが他の二八カ国をロシアから守っている」ともいえる（トランプ大統領は、そんな現状に不満で、他のNATO加盟国に『軍事費を増やせ！』と注文をつけています）。

というわけで、情けなくても、日本は対中国でアメリカとの強固な関係が不可欠なのです。

アメリカと同レベルで大事なのが、インドです。

なぜでしょう？

アメリカは、現時点で経済的にも軍事的にもナンバーワン国家です。

しかし、新世紀に入ってから、その影響力は低下しつづけている。

つまり、「いつまで日本を守れるかわからない」状況なのです。

というわけで、日本は、いつまでも「アメリカ頼り」ではいられない。

日本は、「軍事的自立」に向かっていかなければならない。

同時に、インドとの関係を強固にしていく必要があります。

なぜ？


成熟期にある欧州、アメリカ、ロシアなどの影響力は、今後下がっていきます。

中国は、二〇二〇年以降、成長期から成熟期への移行にともなう混乱が待ち受けている。


一方、インドは、成長期の前期にあり、まだまだ成長の余地がある。


少し数字をみてみましょう。

二〇〇八年にアメリカ発「一〇〇年に一度の大不況」が起こった後、「中国一人勝ち」といわれました。

中国のＧＤＰ成長率は、二〇〇八年九・六％、〇九年九・二％、一〇年一〇・六一％だった。

しかし、正確にいうと、中国の「一人勝ち」ではありません。

「中国とインドの二人勝ち」です。


インドのGDP成長率をみてみましょう。

二〇〇八年三・八九％、〇九年八・四八％、一〇年一〇・二六％、一一年六・六四％、一二年五・四六％、一三年六・三九％、一四年七・四一％、一五年八・一六％、一六年七・一一％、一七年六・六八％。

「一〇〇年に一度の大不況ってなんですか〜」という勢いで成長しています。

インドのGDPは二〇一七年、二兆六一一〇億ドルで、世界六位。

しかし、一人当たりGDPは同年、一九八二ドルで、一四二位にすぎません。

インド人の平均年収は、約二二万円。

これは、一人当たりGDP八六四三ドルである中国の四分の一以下の水準。

三万八四三九ドルである日本の一九分の一にすぎない。

これらの事実は、「インドにはまだまだ伸びる余地がある」ことを示しています。

後一〇年もすると、インドはGDPで日本を追い越し、アメリカ、中国に次ぐ経済大国に浮上するでしょう。

そして、軍事大国にもなる。


日本は、中国に対抗するために、アメリカと組んでいる。

しかし、アメリカは、落ち目である。

そこで、将来超大国になることが確実な民主主義国家インドとの関係を深め、中国に対峙していかなければならない。

**アメリカとインド**が、日本にとっての**最重要国家**です。

次に重要なのは、**欧州**です。

まず、欧州（イギリスも含むEU）のGDPは、アメリカに匹敵する。

そして、「人権最先進地域」と認識されている。

そのため、欧州の世論が、「国際世論」とされることが多いのです。

別のいい方で、「情報戦に強い」。

日本は、欧州を味方につけることで、国際世論で有利な位置を占めることができます。


そして、**ロシア**との関係も重要。

ロシアは、二〇〇五年以降、中国と事実上の同盟関係にあります。

二〇一四年三月のクリミア併合以降、中ロの関係はより強固になった。

尖閣有事の際、ロシアが中国に味方して日本と戦えば、日本には一％の勝ち目もありません。

ですから、日本は、アメリカとの関係を強固にするとともに、ロシアとの関係を改善し、尖閣有事の際ロシアが最低でも「中立」でいるようにしなければならない。

欧州とロシアの関係は、米印につづいて大事です。

さらに、対中国という意味で、東南アジア諸国、オーストラリア、台湾などとの関係も重要ですね。

私は、これらの国々を「好きだ！」といいましょうと主張しているのです。

安倍総理は、アメリカで見事な演説をされました。

日本の政治家も、民間人も、アメリカに行ったら、「アメリカが好きです」といえばいい。

もちろん、既述のように、間接的な表現でもいいのです。

インドに行けば、「ヨガのおかげで救われた」といってもいいですね。

欧州の場合は、少し複雑です。

「欧州」全体を褒めても、あまり喜ばれません。

やはり、イギリス、フランス、ドイツ、イタリア、スペイン、スイス、などなどそれぞれの国を褒める必要があるでしょう。

ロシアであれば、「チャイコフスキーが好き」「トルストイ、ドストエフスキーが好き」など、いろいろネタがあります。


しかし、その言葉がウソだと、すぐばれます。

たとえば、「トルストイを生んだロシアを尊敬します！」と、ある日本人がいった。

するとロシア人が、「トルストイのどんな作品が好きですか？」と聞いた。

宣言した人は、実際何も読んでなくて答えられなかった。

これでは台無しです。


ですから、本当にある国のことが大好きな人たちを集め、「アメリカ好き隊」「インド好き隊」「イギリス好き隊」「フランス好き隊」「ロシア好き隊」などを組織したらいいと思います。

彼らの役割は、ある国に行って、「私たちは、あなたの国のこんなところが好きです！」

ということ。

それを聞いた、外国人は、きっと日本のことを好きになってくれることでしょう。

## ◉災害時の支援は、絆を強める

言葉はとても大切ですが、よりパワフルなものがあります。

そう、「行動」です。


「**和ァームジャパン**」の日本は、どんな行動をするべきなのでしょうか？


人は、苦しい時の恩を忘れません。

たとえば、「大災害」の時、外国や外国人が何をしてくれたか、本当によく覚えています。


皆さん、レディー・ガガさんが好きですか？

私は、特に好きでも嫌いでもありませんでした。

「いつもユニークなファッションをしている、変わったお姉さん」くらいの認識だった。

しかし、ある事実を知って、彼女のファンになりました。

「ある事実」とは、東日本大震災後の彼女の行動です。

彼女は即座に公式サイトで「日本のために祈りを」と書かれたチャリティーリストバンドを販売した。

一億五〇〇〇万円をアッという間に集め、被災地に全額寄付してくれたのです。


さらに彼女は、大震災から三カ月後の二〇一一年六月に来日。

当時、大震災と福島原発事故の影響で、日本に来る外国人は激減していました。

私も、同年夏に一時帰国しましたが、暗い東京、ガラガラのホテルを見て、泣きたくなったのを覚えています。

レディー・ガガは、この時の訪日で、なんと一〇日間も滞在した。

わざわざ長期滞在することで、「日本は、安全ですよ」と世界にアピールしたのです。

私は、このことを知り、「死ぬまでレディー・ガガのファンでいよう」と思いました。

東日本大震災といえば、オーストラリアのギラード首相のことも印象深く覚えています。

彼女は、震災翌月の四月、宮城県南三陸町を訪問しました。

完全廃墟《はいきょ》になった町を訪れ、子供たちにコアラのぬいぐるみなどをプレゼントして励ました。

私は、その動画を見ながら、「永遠にオーストラリアの首相でいてください！」と思ったものです。

このように、災害時の支援は、その国の人々の脳裏に深く刻まれます。

何がいいたいのか？

日本では、毎年のように地震、台風などの災害が発生しています。

そして、世界でも同じように災害が起こっている。

日本は、「自然災害が起こった国」を助けましょう。

これが、**「和ァームジャパン」行動編**です。

## ◉政府は、被災国への義援金集めを主導しよう

東日本大震災で、もう一つ忘れられない事実があります。

**台湾が、義援金を二〇〇億円も送ってくれたこと。**

ちなみに日本のＧＤＰは二〇一七年、四兆八七二〇億ドル。

台湾は同年、五七九〇億ドル。

台湾のＧＤＰは、日本の八・四分の一になります。

つまり、台湾が日本のために集めた二〇〇億円、日本の感覚でいえば、二〇〇×八・四＝一六八〇億円になります。

ものすごい金額ですね。

このことを知っている日本人は、台湾への恩を、決して忘れないでしょう。


私は、何がいいたいのか？

日本は、政府主導で、自然災害があった外国への義援金を集めればいい。

たとえば、日本で大地震があった。


「Ａ国では、政府が主導し、日本への義援金を集めています」

と聞けば、日本人は「Ａ国は、国ぐるみで日本のことを心配してくれているのだな」と感じるでしょう。

具体的には、どうやるのか？

たとえば、公立小中高で、担任の先生が、「○○国で、大きな地震が起こりました。家が壊れて住む場所がない人、食べる物、飲む物、着替えがない人がたくさん出ています。そこで、義援金を集めています。お父さん、お母さんに相談し、一〇〇円でもいいので、寄付してもらえると、本当に助かります」といいます。

被災国のこと、被災国の現状などを、映像を見せながら伝えることができれば、臨場感がわきます。

今の時代、ユーチューブなどで、いくらでも映像をみつけることができるでしょう。

このことは小中高生の教育にもいいと思います。

というのも、子供たちは、被災国で何が起こっているか知ることになる。

映像を見ることで、「かわいそうだな」という同情心が芽生えます。

そして、「自分が少しお金を出すことで、この子供たちの役にたつのだな」「困っている人たちは、助けるべきなのだな」という、優しく、なおかつグローバルな視野をもった子供たちが育っていきます。

各市役所に義援金箱を置き、NHKで「○○国で大地震が起こりました。そこで、○○国への義援金を集めています。各市役所に義援金箱が設置されていますので、ご協力お願いします」と、繰り返し呼びかける。

さらに、スマホから募金できるようにすれば、さらに金額が膨らむことでしょう。

「義援金集め」の問題は、「どこにお金を送れば有効に使われるのかわからないこと」「義援金を寄付する方法がわからないこと」だと思います。

もちろん、時間がたっぷりある人は、調べて寄付しますが、忙しい人は「この団体ホントに信用できるだろうか?」などと考えて、結局何もしなくなってしまう。

もし、政府が主導して被災国への義援金を集めれば、ほとんどの人は、「政府が集めたお金なら被災地に届くだろう」と思うでしょう。

義援金を受け取った国の人たちは、きっと日本への恩を忘れないでしょう。

私たちが、台湾への恩を忘れないように。

## ◉自衛隊を被災国に

東日本大震災といえば、忘れられないのが米軍による「トモダチ作戦」ですね。

アメリカ軍人二万四〇〇〇人が、被災者の探索、救援から復興支援まで、約一カ月半にわたり、支援してくれました。

日米関係は、二〇〇九年に民主党政権が誕生した後、ひどく悪化していた。にもかかわらず、大々的な支援をしてくれたアメリカと米軍への恩を、日本人は忘れません。

安倍総理は、トモダチ作戦について、二〇一五年四月のアメリカ議会演説で触れています。

〈まだ高校生だったとき、ラジオから流れてきたキャロル・キングの曲に、私は心を揺さぶられました。

「落ち込んだ時、困った時、……目を閉じて、私を思って。
私は行く。
あなたのもとに。
たとえそれが、あなたにとっていちばん暗い、そんな夜でも、明るくするために」

二〇一一年三月一一日、日本に、いちばん暗い夜がきました。

日本の東北地方を、地震と津波、原発の事故が襲ったのです。

そして、そのときでした。

米軍は、未曽有の規模で救難作戦を展開してくれました。

本当にたくさんの米国人の皆さんが、東北の子供たちに、支援の手を差し伸べてくれました。

私たちには、トモダチがいました。

被災した人々と、一緒に涙を流してくれた。〉

アメリカが日本にしてくれたことを、日本が外国にすることもできるでしょう。

具体的には、外国で大規模な自然災害が起こった時、自衛隊をどんどん派遣したらいい。

きっと感謝されるはずです。


そして、水、食糧、物資なども、大々的に送るべきだと思います。

その際、物資に、災害があった国の言葉で、「日本国民は、○○国のために祈っています」などとシールを貼っておけば、さらに絆は強まるでしょう。

## ◉日本には、多くの人を救う力がある

私が日本を出たのは、バブル絶頂期の一九九〇年でした。

その後、日本ではバブルが崩壊。

「暗黒の二〇年」と呼ばれる時代に突入していきました。


それでも、モスクワから一時帰国して思っていたのは、「日本は、豊かだ」ということ。

経済力世界三位の日本は、世界のために、いろいろできるはずなのです。


国連の発表によると、二〇一七年時点で、八億二一〇〇万人、世界人口の九人に一人が飢えに苦しんでいるそうです。

日本一国で、世界の飢えをなくすことはできないでしょう。

しかし、ある貧しい国をサポートし、豊かにすることはできるに違いありません。

どんなサポートが必要でしょうか。


第一段階は、水と食糧を確保すること。

井戸を掘り、食糧を支援する。
しかし、永遠に食糧を支援するわけにもいかないので、農業支援を行う。
自分たちで、農業をやって食べていけるようにする。

第二段階は、インフラを整える。
電気が使えるようにする。
水道を引く。

第三段階は、学校、病院を建てる。

池間哲郎先生が創設したNPO「アジアチャイルドサポート」は、ネパール、ミャンマー、カンボジア、モンゴル、タイ、スリランカなどで、ここまで書いてきたような活動をしています。

国が、池間先生から指導を受け、貧困国支援に人材と資金を投入すれば、大きな成果をあげることができ、たくさんの人たちを救うことができるでしょう。

以上、言葉と行動で、世界に和をもたらす**「和ァームジャパン戦略」**についてお話ししました。

「日本はそれでどんな利益を得るのだ？」と突っ込みが入るでしょうか？

日本が得るのは、**助けた人たちの愛**です。

「バカバカしい！」「きれいごとだ！」と思いますか？

では、聞きますが、繁盛しているレストランは、たくさんの人から「愛されている」のではないでしょうか？

売れているミュージシャンと、売れないミュージシャンの違いは、「ファンの数の違い」なのではないでしょうか？

そして、「ファン」とは「そのミュージシャンを愛してくれる人」なのではないでしょうか？

「和ァームジャパン」戦略は、世界中で「日本好き」を増やします。

日本がサポートした大人たちは、そのことを自分の子供や孫たちに伝えるでしょう。

日本がサポートした子供たちは、やがて大人になり、社会の中枢に入っていきます。

彼らは、いつでも日本の味方をしてくれるでしょう。


結局、**「愛される国」の方が、「嫌われる国」よりも強い**のです。

そして、**「愛される国」は、「愛する国」**です。


この原稿を書いている時点で、トランプ大統領は、「アメリカ・ファースト主義」で突き進んでいます。

習近平は、「中国の夢」実現に向けて、まい進している。

世界には、「自分のことが一番大事」「自国のことが一番大事」という風潮が満ちています。

しかし、あなたの隣に「自分が一番大事」という人がいれば、あなたは、その人と「友達になりたい」とはけっして思わないのです。

こんなことは、小学生でも知っていますが、なぜか大人の世界は、「自分ファースト」が行動指針になっています。

大部分の日本人は、こういう考え方に、違和感をもつのではないでしょうか？
日本人は、いつも「和」を重んじてきました。
日本人は、全体の調和と平和のために、極めて自然に、「自我」「エゴ」を抑えることができる。

そんな私たちは、「自分ファースト」の世界で、別の道を行きます。

私たちは、**世界に和をもたらす道を進んでいきましょう。**

# あとがき――日本の未来は明るい

「日本人の幸福度は、世界五四位」

その他、数々のショッキングな情報を知り、私は日本の改革について考え始めました。

「どうすれば日本国民を幸せにできるのかな？」と自問しつづけ、生まれたのがこの本です。

・家族大切主義
・真の働き方改革（労働時間をドイツ並みに短縮）
・人口縮小県の法人税率大幅引き下げにより、東京圏から地方に、企業、人を移動させること
・給食革命で、お母さんの負担を減らし、子供たちを健康にし、和食文化を復活させること
・農村を、「大エネルギー生産拠点」にすることで、豊かにすること
・三人子供を産んだ家庭の住宅購入資金を、二〇〇〇万円まで国が負担することで、少子

化問題を解決すること

など。

この本の中で何度も書きましたが、現在日本人の多くが、祖国の未来について「暗黒のイメージ」をもっています。

その、主な理由は、「少子高齢化問題」である。

存在する問題を知ること、知らせること、語ることは、とても大事です。

しかし、「もうダメだ！」とは思わない方がいい。

というのも、「もうダメだ！」と思えば、本当にそうなるからです。

ある人の体重が二〇〇キロあったとしましょう。

「僕の体重は二〇〇キロだ。このままでは、糖尿病になって、悲惨な人生だ」

これは、正しい現状認識であり、未来予測でしょう。

彼が、「僕の体重は二〇〇キロだ。近い将来糖尿病になって、悲惨な人生を送るのは確定。もうダメだ！」と確信したらどうでしょう？

きっと彼は、予測通りの人生を送ることでしょう。


しかし彼が、希望をもってダイエット本を読み始めれば、「二〇〇キロから六〇キロまで落とした人がいる」ことに気がつくはずです。

次に彼は、「どうすれば、痩せられるのだろう？」と考え、試行錯誤しながら、「ダイエット道」を進んでいくことでしょう。


「ですが、解決不可能な問題もあるでしょう？」


確かに、あります。

すべての人がいつか死ぬことは、おそらく変えられません。

現在四八歳の私が、「メジャーリーガー」になろうと思っても、絶対無理でしょう。


しかし、たとえば「少子化」などは、明らかに「解決可能」な問題です。

実際に、出生率を上げることに成功した例が複数あるということは、「解決可能」ということです。

私は、この本を通して、日本国民の皆さんに、「**問題は山積みですが、解決できます**」ということを示したかった。

日本は過去、何度も大改革を成功させた実績があります。

徳川家康は、一〇〇年以上つづいた戦国時代を終わらせ、二六〇年続く平和な時代の礎《いしずえ》を築きました。

明治新政府は、欧米の制度を導入し、富国強兵政策を進め、日本を世界五大国の一国にしました。

敗戦後、日本は、アッという間に世界第二の経済大国になった。

そして近い将来、**日本はまた改革を成功させ、世界一幸福な国になるでしょう。**

さらに、**日本は、世界に「和」をもたらす存在になります。**

**過去は変えられませんが、未来を決めるのは、今の私たちです。**

**すばらしい日本を、創っていきましょう。**

この本は、大変多くの人々の協力を得て出版にいたることができました。
まず、この奇抜な内容の本を出版することに同意してくださった育鵬社さん。
特に編集を担当してくださった、大越昌宏氏。
私と大越氏を結びつけてくださった、伊勢雅臣氏。
心から感謝申し上げます。

今まで私を育ててくださった人々がいなければ本書を出すことはできませんでした。
風雲舎の山平松生社長。
アウルズ・エージェンシーの下野誠一郎氏、田内万里夫氏。
元パブリッシンググリンク、および『小説新潮』元編集長の校條剛氏。
同じくパブリッシンググリンクの三浦圭一氏、定家励子氏、海野早登子氏。
元パブリッシンググリンク、広島香織氏。

元草思社、現筑摩書房の田中尚史氏。
ダイヤモンド社の石田哲哉社長。
同じくダイヤモンド社の津本朋子氏。
集英社インターナショナルの生駒正明氏。

本当にありがとうございます。

また、五万六〇〇〇人のメルマガ読者の皆さまに、心から感謝申し上げます。

この本を読まれ、「有益な情報だった。もっと知りたい!」という方は、主に最新の世界情勢と、「日本自立」に関わる情報を配信している、私の無料メルマガ「ロシア政治経済ジャーナル」(http://www.mag2.com/m/0000012950.html)に登録してみてください。

最後までお読みくださり、ありがとうございました。
またお会いできる日が来るのを、心待ちにしております。

二〇一八年十一月

北野幸伯

【著者略歴】

**北野幸伯**（きたの・よしのり）

国際関係アナリスト。1970年生まれ。19歳でモスクワに留学。1991年12月、現地でソ連崩壊を目撃する。1996年、ロシアの外交官養成機関である「モスクワ国際関係大学」（MGIMO）を、日本人として初めて卒業（政治学修士）。1999年、メールマガジン「ロシア政治経済ジャーナル」（RPE）を創刊。「わかりやすい！」「面白い！」「予測があたる！」と話題になり、読者数が急増しつづける。RPEは現在、会員数56000人。業界最大手「まぐまぐ」の「ニュース、情報源部門」で日本一のメルマガである。また、2015年「まぐまぐ大賞」で総合１位を受賞。「日本一のメルマガ」と認定された。リアリズム大国ロシアの首都モスクワに28年在住。アメリカや、平和ボケした日本のメディアとは全く異なる視点から発信される情報は、高く評価されている。

著書に、『中国・ロシア同盟がアメリカを滅ぼす日』（草思社）、『隷属国家日本の岐路』（ダイヤモンド社）、『プーチン最後の聖戦』『日本自立のためのプーチン最強講義』『日本人の知らない「クレムリン・メソッド」』（以上、集英社インターナショナル）、『中国に勝つ 日本の大戦略』（育鵬社）などがある。

著者のメールマガジン「ロシア政治経済ジャーナル」
（http://www.mag2.com/m/0000012950.html）


# 日本の生き筋

## ――家族大切主義が日本を救う――


発行日　2018年12月11日　初版第１刷発行

著　者　北野幸伯

発行者　久保田榮一

発行所　株式会社　育鵬社
〒105-0023　東京都港区芝浦1-1-1　浜松町ビルディング
電話03-6368-8899（編集）　http://www.ikuhosha.co.jp/
株式会社　扶桑社
〒105-8070　東京都港区芝浦1-1-1　浜松町ビルディング
電話03-6368-8891（郵便室）

発　売　株式会社　扶桑社
〒105-8070　東京都港区芝浦1-1-1　浜松町ビルディング
（電話番号は同上）

本文組版　株式会社　明昌堂

印刷・製本　サンケイ総合印刷株式会社




ISBN 978-4-594-08117-1



本書のご感想を育鵬社宛てにお手紙、Eメールでお寄せください。
Eメールアドレス　info@ikuhosha.co.jp